똑똑한 부모들이 저지르는 10가지 실수

10 MOST COMMON MISTAKES GOOD PARENTS MAKE
by Kevin Steede

Copyright © 1998 by Kevin Steede
All rights reserved.

Korean Translation Copyright © 2008 by Big Tree Publishing Co.

Korean edition is published by arrangement with Prima Publishing
through Imprima Korea Agency

이 책의 한국어판 저작권은 Imprima Korea Agency를 통해
Prima Publishing과의 독점 계약으로 도서출판 큰나무에 있습니다.
저작권법에 의해 한국 내에서 보호를 받는 저작물이므로
무단 전재와 무단 복제를 금합니다.

10 MOST COMMON MISTAKES GOOD PARENTS MAKE
– AND HOW TO AVOID THEM

똑똑한 부모들이 저지르는
10가지 실수

케빈 스티드 지음 | 곽지수 옮김

새로운 하루가 계속되고 있음을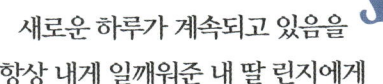
항상 내게 일깨워준 내 딸 린지에게

■ 옮긴이의 글

 소중한 내 자녀를 어떻게 훌륭한 사람으로 키울 수 있을까?
 아마도 모든 부모들의 마음을 사로잡는 화두일 것이다. 멀리 맹모삼천지교의 시대에서부터 최근 훌륭한 자녀를 키웠다고 부러움을 사는 실례들에 이르기까지, 훌륭한 교육을 위해 세상의 모든 부모들은 언제나 노심초사하고 있다.
 그러나 무릇 세상만사가 다 그렇듯이 유일한 정답이란 존재하지 않는다. 그 중에서도 자녀 교육만큼 어려운 것이 또 있을까······.
 주변의 또래에게 뒤지지 않도록 하기 위해 경쟁적으로 미술·음악·태권도 등 과외수업을 시키는 부모, 세계화 시대에 부응하는 경쟁력을 갖추어주기 위해 조기 영어 교육에 최선을 다하는 부모, 아이는 아이다운 게 최고라며 그저 씩씩하게만 자라다오라는 신념으로 자유롭게 키워보려는 부모. 모두 나름대로의 방법론이 존재한다.
 이 책은 단순히 자녀들을 교육하는 방법론을 제시하기만 하는 차원을 거부한다. "똑똑한 부모들이 저지르는 10가지 실수"들을 천천히 열거하고 그에 대한 해결 방안을 제시한다.

그 모든 과정에서 이 책은 한 가지 일관된 교육 철학을 견지하고 있다.

바로 자녀를 독립된 인격체로 인정하고 그것을 토대로 바람직한 교육 목적을 달성한다는 것이다.

옮긴이는 다행스럽게도, 초등학교에 다니는 남자아이와 여자아이를 키우고 있다. 이 책을 읽고 옮기는 과정에서 얼마나 더 많은 공감과 감탄을 할 수 있었는지. 이 책을 번역하는 것이 부모로서 내게 주어진 행운임을 여러 차례 느낄 수 있었다. 좀더 올바른 교육을 할 수 있으리라는 자신감도 함께 얻을 수 있었다.

이 책은 서구적인 합리성과 분석적 사고의 틀을 바탕으로, 자녀를 키우면서 매일 부딪치게 되는 문제들을 이론에 불과한 말만으로써가 아니라 저자가 겪은 다양한 사례를 예로 들면서 바람직한 해결책을 제시하고 있다.

같은 부모의 입장에서 독자들에게 자신 있게 권하고 싶다.

그리고 소중한 이 책을 읽고 옮길 수 있는 즐거운 기회를 제공한 도서출판 큰나무가 그 이름답게 아름다운 거목으로 커 나가기를 즐거운 마음으로 기원한다.

곽지수

■ **차례**

들어가면서 _ 부모라는 것에 대하여 **11**

첫 번째 실수 _ 심리적 지뢰밭 만들기 **23**
    심리적 지뢰 1 : 나는 언제나 완벽해야만 한다
    심리적 지뢰 2 : 결과가 바로 인격이다
    심리적 지뢰 3 : 부정적인 감정을 드러내지 말아라
    심리적 지뢰 4 : 모두 다 나를 좋아해야 해
    심리적 지뢰 5 : 실수를 하거나 도움을 청하는 것은 잘못된 일이다

두 번째 실수 _ 나쁜 행동 굳히기 **55**
    나쁜 행동에 집중하기
    잘하는 건 당연한 것
    '하지 않음'을 강화시킨다

세 번째 실수 _ 갈팡질팡하기 **71**
    일상사에서의 일관성
    처벌에서의 일관성
    안정감을 형성하는 일관성

네 번째 실수 _ 열린 대화에 빗장 지르기 **89**
    권위적인 부모
    설교형 부모
    꾸짖는 부모
    '그래그래' 형 부모
    경청하는 방법
    반영하는 경청법
    열린 대화와 닫힌 대화
    비언어적 대화

다섯 번째 실수 _ 대신 해주기 119
　　　새로운 규칙의 적용
　　　문제 해결

여섯 번째 실수 _ 편 가르기 137
　　　가족회의
　　　팀 플레이
　　　형제간의 경쟁의식을 극복해주는 팀 플레이

일곱 번째 실수 _ 파괴적인 벌주기 155
　　　화가 난 상태에서 벌을 주지 마라
　　　벌을 줄 때는 적절한 시기를 골라라
　　　비난하지 마라
　　　실행 가능한 벌을 줘라
　　　선택의 기회를 줘라
　　　처벌의 목적은 교훈을 주는 것이다

여덟 번째 실수 _ 말 따로 행동 따로 171
　　　대중매체의 영향
　　　말보다 행동이 중요하다

아홉 번째 실수 _ 특별한 필요사항을 간과하기 187
　　　ADHD : 주의력 결핍 과잉 행동
　　　학습 장애
　　　아동 우울증
　　　아동기의 공포와 근심
　　　부모의 역할

열 번째 실수 _ 즐거움 버리기 215
　　　유머는 아이들만의 것이 아니다

들어가면서

부모라는 것에 대하여

　당신은 부모이다.

　부모라는 것은 정확히 어떤 의미를 갖는 것일까? 당신이 자녀를 낳았다는 것만은 분명하다. 그것으로 모든 할 일은 다 끝난 것일까? 자녀를 낳았다는 생물학적인 행동만으로 당신은 부모가 되는 것일까?

　어느 누구도 그렇게 생각하지 않는다. 부모라는 것보다 더 중요한 직업은 이 세상에 존재하지 않는다.

　나는 심리학자로서 어린이들, 십대들, 그리고 그들의 가족들과 함께 맞부딪히며 일하는 삶을 선택했다. 그 이유는 자녀의 인생에 부모의 역할이 결정적인 것이라는 사실을 굳게 믿고 있기 때문이다.

　만일 당신이 아이를 이 세상에 태어나게 하기로 결정했다면, 당신은 자녀들에게 삶을 성공적으로 만들 수 있는 도구를 전해주기 위해서 열심히 노력해야 하는 기본적인 의무를 갖게 된다.

이보다 더 중요한 일은 없다.

모든 부모들은 자신의 자녀들을 훌륭하게 키우고 싶어한다. 그리고 자신의 자녀들에게 무관심해진다거나 상처를 주고 싶어하지 않는다. 그러나 실제로 많은 부모들이 일상사에서 벗어나지 못한 채 부모의 역할에 소홀해지고 있다. 그리고 문제가 발생한 다음에야 비로소 자신의 행동을 뉘우치고 자녀들에게 관심을 쏟게 되는 것이다.

대부분의 사람들은 자신의 직업에 대한 분명한 목표를 세우고 있으며 노후 대비를 위해 장기적인 계획을 세우고 있다. 자동차 할부가 얼마나 남았는지, 언제 부엌을 새로 꾸밀 것인지, 언제 더 큰 집으로 이사를 할 것인지 등에 대한 확실한 그림을 머릿속에 그려놓고 있다.

그러나 많은 부모들에게 행복하고 건강하게 자녀를 양육하기 위해서는 어떤 계획을 세워놓았느냐고 묻는다면 그들은 마치 냉장고 아래에 웅크리고 앉아 있다가 기어나온 사람처럼 물끄러미 당신을 쳐다보고만 있을 것이다.

생각보다 많은 부모들이 구체적인 계획이나 생각이 없는 상태에서 무작정 내 자녀들이 행복하고 훌륭하게 자라나 주기를 바라고만 있다. 옛날의 우리 부모들이 그랬던 것처럼 먹고 사는 일에 부족한 것만 없으면 자녀 양육은 끝이라고 생각하는 우를 범한다.

부모들은 가끔 자신들이 자라온 방식에 대해 불평을 털어놓기도 한다. 그러나 자신의 자녀들을 어떻게 키우고자 하는지 진지하게 생각해볼 시간은 좀처럼 내지 않는다. 자녀들에게 어떤 가치관을 심어줄 것인가에 대해서도 그다지 생각하지 않는다. 자녀들의 자립심을 강하게 해줄 최선의 길이 무엇인가에 대해서도 토론하지 않는다. 얼마나 많은 시간을 자녀들과 보내야 하는지, 또 어떻게 그런 시간을 낼 수 있는지에 대해서도 생각하지 않는다. 많은 부모들이 단지 '남는' 시간에만 부모 노릇을 하는 것이다.

 많은 부모들이 부모 역할을 그저 당연한 일인 것처럼 하루하루 치르고 있는 것을 보면서 나는 내 자신은 이러한 '수동적인 부모증후군'에서 벗어나 있다고 믿고 있었다. 그러나 실제로는 나 자신도 그런 부모들과 별로 다를 것이 없었다.
 아버지로서 나는 꽤 많은 시간을 딸 린지와 보내고 있었다. 그러나 린지가 열 살이 되던 어느 토요일, 나는 능동적인 부모의 역할에 대한 값진 교훈을 얻게 되었다.
 오래된 집을 새로 사서—실제로 지금은 집이 나를 산 것 같은 기분이지만—나는 여러 가지 많은 자질구레한 일들을 해야만 했다.
 아침에 해야 할 일들을 우선 해치운 다음, 린지와 나는 은행에 가져가야 할 수표를 찾으러 사무실로 갔다. 그 다음에 우리는 근처의 세탁소로 가서 세탁물을 맡겼다. 그리고는 철물점에 들렀고, 근처의 보육원에도 들렀다.

가까운 패스트푸드 음식점에서 서둘러 점심을 먹은 뒤에도 우리는 허둥지둥 여러 곳을 돌아다녀야만 했다. 식료품점, 전파상, 구둣방 등. 잠깐 집에 다시 들른 다음 세차장, 주유소, 그리고 서점까지 들렀다.

마침내 우리는 집으로 다시 돌아왔다. 린지가 텔레비전을 보는 동안 나는 저녁식사 준비를 하기 시작했다. 저녁을 먹고 난 다음 린지는 샤워를 했고 나는 고장 난 가전제품을 고쳤다. 설거지를 끝낸 후에는 딸아이의 방으로 가서 린지가 책을 읽는 모습을 바라보았다.

린지의 옆에 다가가 앉으며 나는 린지에게 잠자리에 들겠느냐고 물어보았다. 그때 린지가 책에서 눈을 들면서 말했다.

"있잖아요, 아빠. 나는 아빠랑 좀더 많은 시간을 같이 보낼 수 있었으면 좋겠어요. 정말 그랬으면 좋겠어요."

린지의 말은 충격이었다. 하지만 린지의 말이 옳았다. 물리적으로는 하루 종일 함께 있었지만, 심리적으로는 둘 사이에 먼 거리가 존재하고 있었다. 훌륭한 부모가 되려고 애를 쓰고 있는 나의 다른 상담자들처럼 나도 자녀를 키우는 것보다 일을 우선해버리는 그 함정에 빠져 있었던 것이다.

아이들은 자신들이 수동적인 자세로 부모 곁에 있는 것만이 아니라, 적극적으로 부모와 함께 삶을 체험하고 있다는 사실을 느껴야 할 필요가 있다.

이런 간단한 사실을 부모들이 자각하는 그 순간, 자녀들이 독립적인 성인이 될 수 있도록 하는 충분한 동기가 부여되는 것이다.

반대로, 그저 대충대충 자녀들과 함께 시간을 보내기만 한다면 자녀들을 조급하고 자기 생각만 하는 사람으로 만들어 버릴 수도 있는 것이다.

다음 토요일, 나는 다시 한 번 기다란 '해야 할 일' 목록과 씨름해야 했다. 지난 주말과 같은 실수를 되풀이하지 않겠다는 결심을 굳힌 나는 의도적으로 계획을 변경했다. 서둘러 아침을 먹는 대신 린지와 테라스에서 특별한 아침을 먹었다. 여기저기 들러야 할 곳은 여전히 많았지만, 우리는 차 안에서 린지가 가져온 테이프를 들으며 함께 노래를 부르며 달릴 수 있었다. 또한 린지가 딱정벌레라고 부르곤 하는 폭스바겐 차를 누가 더 많이 찾아내는지 시합을 하기도 했다.

집으로 돌아왔을 때에도 여전히 해야 할 일들이 많이 남아 있었다. 우선 집 안의 전기 배선을 고쳐야 했다. 그렇지만 나는 린지를 혼자 놀게 하는 대신 내 옆에서 일을 돕게 했다. 딸아이는 전기 드라이버 사용법을 배우면서 무척 즐거워했다. 그리고 자신이 아빠를 도울 수 있다는 것을 매우 자랑스러워했다. 그 일을 다 마치고 나서, 우리 둘은 자전거를 타고 근처를 산책했다.

이런 단순한 일에 린지가 무척 즐거워하는 것을 보면서 나는 가슴을 가득 채우는 행복을 느꼈다. 자전거를 탄 후 린지는 저녁 준비와 설거지를 도왔다. 결과적으로 혼자 할 때보다 시간이 더 많이 걸렸지만 린지는 자신도 뭔가를 한다는 기분을 느끼고 있는 것 같았다.

　밤 늦게 나와 린지는 뒤뜰에 담요를 깔고 밤하늘의 별을 헤아렸다. 그러다가 꽤 오랜 시간 동안 아무 말도 없이 하늘을 쳐다보기만 했다.

　어느덧 잠자리에 들 시간이 되었다. 내가 린지를 감싸안자 린지가 말했다.

　"오늘은 정말 멋진 날이었어요. 아빠, 사랑해요."

　린지는 그 순간 내 눈에 어린 눈물을 보지 못했을 것이다. 가르치는 것은 부모이지 아이가 아니라고 생각하고 있던 내게 린지는 열 살짜리의 지혜로 소중한 사실을 일깨워주었다.

　조금 더 생각하고, 조금 더 준비하는 부모만이 자녀의 삶에 뚜렷한 의미를 줄 수 있다. 나는 내 자신의 초점을 바꿈으로써 조급하고 바빴을 하루를 값지고 의미 있는 날로 바꿀 수 있었다. 몇 가지 일은 손도 대지 못한 채 그대로 남겨졌지만 그에 대한 보상은 충분하고도 남았다.

　작은 실험을 해 보자.

　아이들과 함께 앉아서 아이들에게 당신에게서 배운 것들 중 가장 중요한 것이 무엇인지를 물어보라. 그 대답에 놀랄 수도 있을 것이다. 린지의 대답은 이랬다.

"다른 사람에게 친절하고, 자신을 믿고, 또 너무 심각해하지 말고, 그리고 저 상표의 치즈가 제일 맛있다는 거요."

네 가지 대답 중 세 가지는 그렇게 나쁜 것 같지 않았다.

부모라는 것은 그냥 그대로 존재하는 것이 아니라 무엇인가 행동을 할 때 비로소 탄생하는 것이다. 즉, 행동을 포함해야 한다. 당신의 자녀들이 인생과 인간 관계와 정직과 명예의 어떤 부분을 알았으면 하는지 결정해야 한다. 또한, 아이들이 자신들의 개성에 대해 자긍심을 갖도록 하기 위한 특정한 조치를 취해주어야 한다. 부모가 된다는 것은 자녀들에게 독립적이고 책임감 있는 성인으로서 성장하는 방법을 가르쳐주는 적극적인 조치들을 말한다.

나는 수많은 엄마, 아빠들이 능동적인 부모가 되고자 노력하는 것을 보아왔다. 그들은 토요일 아침에 골프를 치거나 사무실에 나가 일하는 대신, 학교 행사에 참석하거나 아이들과 함께 시간을 보내려고 노력한다. 또한 그들은 엄마나 아빠로서의 역할이 그들의 인생에서 그 어떤 일보다도 더 중요하다는 것을 깨닫고 있다.

그러나 훌륭한 부모가 된다는 것이 자녀 양육에 모든 시간을 바쳐야 한다는 의미는 아니다. 많은 부모들이 바쁘고 긴장으로 가득 찬 삶을 살고 있다. 어떤 부모들은 부업을 해야만 하고, 또 어떤 이들은 배우자 없이 홀로 자녀를 키우기도 한다.

내가 지금 여기에서 제안하고자 하는 것은 부모의 역할을 다른 관점에서 생각해보자는 것이다. 부모들은 직업과 휴식, 부모의 역할 사이에서 균형을 잡아야 한다. 부모의 역할을 적극적으로 우선순위에 올려야 한다. 부모의 역할은 여가를 활용해서 할 수 있는 단순한 성격의 일이 아니다.

이 책은 적극적인 부모가 되기로 결심한 사람들을 위해 쓰였다. 또한 흔히 부모들이 저지르기 쉬운 실수를 피해갈 수 있도록 쉽게 쓰여졌다. 그리고 부모들이 긍정적인 태도와 활동적이면서 동시에 효율적인 양육 기술을 개발하는 데 도움이 될 것이다.

이 책은 각 장마다 심리학자로서 실제로 매일 상담을 하면서 부딪치게 되는, 자녀 양육상의 공통된 문제점들이 간략하게 정리되어 있다. 효과적이고 쉽게 따라할 수 있는 전략들로 사람들이 비싼 진료비를 내고 심리학자의 방에서 배우는 것들과 동일한 내용이다.

그리고 각 장의 끝부분에는 그 장에서 설명한 주요 요점들을 정리하여 다시 한 번 내용을 정리할 수 있게 해 놓았다.

어느 누구나 훌륭한 부모가 될 수 있다. 자신의 삶의 여러 가지 역할 중에서 부모의 역할에 우선순위를 부여하겠다는 생각을 가지고 있다면 말이다.
　자, 이제 책장을 넘겨보도록 하자.

첫 번째 실수
심리적 지뢰밭 만들기

심리적 지뢰 1 : 나는 언제나 완벽해야만 한다
심리적 지뢰 2 : 결과가 바로 인격이다
심리적 지뢰 3 : 부정적인 감정을 드러내지 말아라
심리적 지뢰 4 : 모두 다 나를 좋아해야 해
심리적 지뢰 5 : 실수를 하거나 도움을 청하는 것은 잘못된 일이다

 부모들은 자신의 아이를 위해 언제나 최선을 다하고 가장 좋은 것만을 고집한다. 아이들을 가르치고, 칭찬하고, 충고하면서 그들이 거치게 될 아동기와 사춘기의 험난한 물결을 성공적으로 헤쳐나갈 수 있게 도와준다. 아이들에게 상처가 될 수 있는 행동은 삼가하면서 열심히 효과적인 삶의 기술과 확고한 가치 체계를 갖게 해주려고 노력한다.

 그러나 그런 일련의 행동들 속에서 부모들은 자기도 모르는 사이에 아이들에게 부정적인 생각을 주입하게 되는 것이다.

 이러한 '마음의 지뢰밭'은 뒷날 아이들의 삶에 커다란 영향을 미칠 수 있다.

 부모로서 우리들은 스스로의 편견을 가지고 있다. 이러한 편견은 자신의 어린 시절의 경험에서 비롯되는 경우가 많다. 이러한 것들은 대체로 삶에 대한 긍정과 행복하고 화목한 가정을 전제로 하고 있지만, 실제로는 우리들의 삶에 부정적인 영향을 미치는 경우가 많다.

이런 부정적이며 비생산적인 '심리적 지뢰들'을 우리 아이들에게 대물림하지 않는 가장 좋은 방법은 우리 자신과 우리들의 양육 방법에서 그러한 지뢰들을 찾아내는 것이다.

이 장에서는 아주 보편적인 심리적 지뢰들에 대해 이야기하고자 한다.

심리적 지뢰 1 : 나는 언제나 완벽해야만 한다

부모들은 언제나 자녀들이 하려고 하는 일에 최선을 다하라고 격려한다. 그들은 자녀들이 자유롭게 자신들의 재능과 관심사를 발견해내기를 원한다.

그러나 이러한 좋은 의도에도 불구하고, 실제로는 의도하지 않았던 메시지를 자녀들에게 보내는 경우도 있다.

자녀들에게 최선을 다하도록 동기를 부여하는 것과 무슨 일이든 반드시 그 일에 최고가 되어야 한다는 압력을 가하는 행동을 구분하기란 매우 어려운 일이다.

아이들이 전혀 또는 거의 관심을 보이지 않는 일을 억지로 시킬 때 이러한 심리적 지뢰가 매설된다.

또한 아이들이 한 일의 결과가 기대에 못 미쳤을 때 그것을 그대로 받아들이려고 하지 않는 부모의 태도에서 이러한 심리적 지뢰가 아이들의 마음에 심어지는 것이다.

이러한 심리적 지뢰가 아이들의 신념 체계와 결합될 때 아이들의 자부심은 손상을 입기 시작한다.

아이가 모든 일에 '최고'가 된다는 것은 간단히 말해 불가능한 일이다. 자기가 최고가 되어야 한다고 생각하는 아이들은 곧 자신이 부모를 실망시키고 있다고 생각하게 되고, 궁극적으로는 자기 자신에게 실망하게 된다.

어린 시절 이런 심리적 지뢰가 매설된 사람은 성인이 되면 자신에게 부여된 과제에 대해 화를 내거나 억눌린 감정을 갖게 된다. 다른 사람이 자기에게 기대하는 것에 자신은 결코 도달하지 못한다고 생각하기 때문이다.

이러한 심리적 지뢰에서 벗어나기 위해 아이들은 다양한 체험을 해보아야 하며 더 나아가 그 중에서 관심을 느끼는 것들을 좀더 탐구해보아야 한다.

모든 사람은 아이든 어른이든 개개인이 각각 다른 관심사와 능력을 가지고 있으며, 각자 독특한 장점과 약점을 가지고 있다는 것을 이해해야 한다.

한 어머니가 자기 아이들에게 뭔가 문제가 있다고 생각하여 오누이를 데리고 나에게 상담하러 온 적이 있었다. 체구가 좀 작은 편인 여덟 살짜리 오빠는 스포츠에 전혀 관심이 없었다. 컴퓨터를 가지고 놀기를 더 좋아하고 또 분명히 그 분야에 탁월한 재능이 있는 것 같았다. 반대로 누이동생은 운동을 좋아했고 여자아이들이 좋아하는 전통적인 일들을 싫어했다.

두 아이의 부모는 열성적으로 아들에게는 억지로 운동을 시키려 애썼고, 딸에게는 좋아하는 운동을 하지 않는 것이 더 좋다고 설득했다. 결과는 두 아이 모두 불행하게도, 부모들이 정해준 분야를 제대로 해내지 못하는 자신들에 대해 혐오감만을 가지게 되었을 뿐이었다.

나는 아이들이 스스로의 길을 찾아가도록 했다. 부모에게도 본인들이 관심을 느끼고 능력을 발휘할 수 있는 활동을 하도록 내버려두라고 충고했다.

이 어머니는 그 후 내게 여러 번 전화를 하여 딸아이는 시 육상 대회에서 우승을 했으며, 아들은 최근에 컴퓨터 게임을 만들었는데 대기업에서 그 게임의 상업성 여부를 검토하고 있다며 자랑스럽게 말했다.

이 이야기의 교훈은 아이들 스스로 자신의 관심사와 능력을 발견할 수 있도록 해주어야 한다는 것이다. 부모들이 원하는 분야가 아닌 자신들이 원하는 분야를 찾도록 말이다.

아이의 독특한 재능을 격려해주는 게 좋다는 것은 분명하지만 아직도 많은 부모들이 여러 가지 이유로 아이들에게 이런저런 방향으로 나아가도록 강요하고 있다.

어쩌면 어떤 한 분야에서 뛰어난 부모가 아이에게서도 자신의 그런 모습을 발견하고 싶기 때문일 수도 있다. 아니면 어떤 분야에서 '완벽하지 못한' 부모가 그런 자신의 부족함을 보상받기 위해 아이들을 다그치는 것일 수도 있다. 또 부모가 자신들의 삶을 풍요롭게 하기 위해 아이들에게 변덕스런 삶을 강요하는 경우도 있다.

다우슨 가족의 경우는 좀 유별난 예이다. 다우슨 씨 부부는 열 살인 아들 벤 때문에 상담을 받으러 오게 되었다. 그들 부부는 모두 각자의 분야에서 성공해 이름을 날리고 있었고 경제적으로도 상당히 여유로운 편이었다. 그들은 최근에 아들의 성적이 떨어진 것에 대해서 심각한 걱정을 하고 있었다.

그들 부부는 상담이 시작되자마자 자기 아들은 학교에서 어떤 행동상의 문제는 가지고 있지 않다고 말했다. 아들의 생활 태도에 대한 평점은 언제나 최고였다. 또한 집에서의 행동도 좋은 편이었다.

그러나 학교에 관련된 일에 대해서는 달랐다. 벤은 숙제를 집에 가져오는 것을 자주 잊어버렸고, 언제나 마지못해 하며 겨우 숙제를 끝마치곤 했다. 매일 저녁 벤을 책상에 앉혀서 숙제를 하게 하는 일이 점점 더 힘들어져 갔다.

두 사람의 이야기를 듣고 나는 벤이 학교 공부에서 슬럼프에 빠지게 된 여러 가지 가능성에 대해 생각해보기 시작했다.

벤이 주의산만증을 갖게 된 것일까? 가정 문제가 아이에게 최근에 정신적인 스트레스를 준 걸까? 어쩌면 아이는 지금 스트레스를 받고 있는지도 모른다.

이런 여러 가지 가능성들을 확인하기 위해서 나는 먼저 벤이 학교에서 지금까지 어떻게 해왔는지부터 시작해서 여러 가지 질문들을 하기 시작했다.

"벤은 항상 훌륭한 학생이었나요?"

부모들은 그렇다고 대답했다.

"벤의 성적이 떨어지기 시작한 것을 언제 알게 되었습니까?"

부모들이 그것을 알게 된 것은 가장 최근의 학교 생활 통지표를 받아보고 나서였다.

"어떤 과목이 얼마나 떨어졌습니까?"

다우슨 부부가 진지한 표정으로 수학이 98점에서 92점으로 떨어졌다고 대답했을 때 내가 얼마나 놀랐는지를 짐작하기는 어려운 일이 아닐 것이다.

다우슨 부부가 벤에게 얼마나 성공에 대한 압박감을 주고 있었는지는 이 분야의 전문가가 아니더라도 쉽게 알 수 있는 일이었다.

벤은 무슨 일을 하더라도 자기 부모를 만족시킬 수 없을 것이라고 느끼고 있는 것이 확실했다. 그리고 그런 벤의 생각은 옳은 것이었다.

그들 부부는 단지 잘하는 것뿐만이 아니라 이 열 살짜리 아이에게 완벽함을 원했던 것이다.

자기가 어떻게 하든지 결국 부모를 실망시킬 수밖에 없을 것이라고 생각하게 되자 벤은 반항을 하기 시작했다. 부모를 기쁘게 해줄 수 없다는 사실에서 오는 불안감이 벤을 수동적 공격 성향으로 이끌어, 자신의 완벽하지 못한 점수에 대한 책임을 벗어나려는 시도를 하게 만들었다.

벤은 완벽하게 하지 못할 바에야 차라리 숙제를 하지 않는 것이 낫다고 생각했다. 완벽하지 못한 점수로 부모들을 실망시킬 바에는 차라리 과제 자체를 잊어버리는 쪽을 선택한 것이다.

어느 정도의 노력이 필요했지만, 결국 다우슨 부부는 자신들이 벤에게 강요했던 압박감의 무게를 이해하기 시작했다. 나는 그들에게 벤과 대화를 통해서 벤이 어떤 점수를 받아오든 그들은 변함없이 벤을 사랑한다는 것을 확신시켜주어야 한다고 말했다.

더 나아가 벤이 스스로 자신의 학업에 책임을 질 수 있도록 벤을 신뢰하고 더 이상 벤에게 공부를 강요하는 일이 없도록 하라고 했다.

다우슨 부부는 필요할 경우에만 벤에게 도움을 주겠다는 다짐을 했다. 그러나 그런 도움을 청하고 말고는 전적으로 벤이 결정한다는 원칙이었다.

3주가 채 지나지 않아 벤은 아무런 불평 없이 원만한 학교생활을 하게 되었다. 벤은 집에서 볼이 부어 있는 시간이 점점 적어졌고, 다시 높은 성적을 유지했다. 또한 전보다 훨씬 더 행복해했고 자부심은 더욱 높아졌다. 강요에 의해서가 아니라 자신이 원해서 좋은 성적을 올렸기 때문이었다.

행동에 대한 결과의 성공 여부가 아니라 하고자 하는 마음 그 자체를 칭찬해줌으로써 다우슨 부부와 같은 부모들이 만들기 쉬운 '나는 최고가 되어야 해'라는 심리적 지뢰밭을 피해갈 수 있다. 그리고 더 나아가 아이들이 자아를 키우도록 해줄 수 있다. 아이들의 성취 수준이 아니라 노력 그 자체를 강조함으로써 아이들에게 자부심과 더욱 노력을 하려는 동기를 북돋아줄 수 있는 것이다.

아이들이 최선을 다하도록 고무시켜주고 아이들이 얼마나 열심히 하는가를 성공 여부의 척도로 삼아보자.

심리적 지뢰 2 : 결과가 바로 인격이다

이 지뢰는 앞의 지뢰와 아주 가까운 사촌간이다. 이 지뢰 역시 부모들이 원하는 분야에서 자녀들이 잘 해주기를 바라는 욕심에서 비롯되는 것이다. 부모들은 모두 자신의 아이들이 성공을 거두고 스스로에 대해 만족하며 살기를 바란다.

그러나 아이들은 부모의 승인 여부가 자기가 한 일에 대한 것인지 자기 자신에 대한 것인지 그 차이점을 쉽게 구분하지 못한다는 사실을 이해할 필요가 있다. 다시 말해, 어떤 것에 대해 부모가 인정을 해주는 행동을 아이는 자기에 대한 부모의 사랑으로 해석할 수 있다는 것이다.

반대의 경우도 마찬가지이다. 아이의 어떤 행동에 대해 부모가 화를 내면 아이는 자신이 부모에게서 사랑을 받고 있지 못한 것으로 받아들이는 것이다. 아이가 어릴수록 이런 경향이 두드러진다.

어떤 일의 성공과 실패, 그 여부와 상관없이 아이들은 부모들이 자신을 사랑하고 받아들인다는 것을 느껴야 한다. '무조건적인 사랑'은 아주 중요한 문제이다.

간단히 말해, 이 무조건적인 사랑은 아이들이 이 세상의 그 어떤 것도 부모의 사랑을 거두어갈 수는 없다는 것을 알게 해주는 것이다.

부모들은 자녀의 어떤 행동에 대해 용납을 할 수도 혹은 나무랄 수도 있다. 그러나 자녀들에 대한 사랑은 그런 것과 상관없이 언제나 변함이 없는 것이다.

나와 상담을 하는 부모들은 이 개념에 대해 다음과 같은 말로 반응을 하기도 한다.

"물론 우리 아이는 우리가 자기를 사랑한다는 것을 알고 있어요."

그러면 나는 항상 되묻는다.

"어떻게 아이가 그것을 알고 있을까요?"

다시 한 번 강조하고 싶은 것은 아이들은 부모가 화가 났다는 것과 부모가 더 이상 자기를 좋아하거나 사랑하지 않는다는 것의 차이를 잘 구분하지 못한다는 것이다. 그 차이점을 인식시키고 자신이 아무런 조건 없이 사랑받고 있다는 것을 알게 해주는 것이 바로 부모들의 역할인 것이다.

부모들은 아이들에게 다양한 방법으로 이 무조건적인 사랑을 가르쳐줄 수 있다. 가능한 한 자주, 어떤 행동에 대한 승인 여부와 자식에 대한 사랑은 엄연히 다르다는 점을 분명히 해주어야 한다. 특히 어린 아이에게는 더욱 이 차이점을 분명하게 말해주어야 한다.

예를 들어, 만약 아이가 상으로 받은 트로피를 깼을 경우라면 이렇게 말해보면 어떨까.

"애야, 너한테 화가 난 게 아니란다. 소중한 트로피가 망가져서 속이 상했을 뿐이란다."

아이들에게는 사람이 아니라 행위 그 자체에 대해서만 찬성하거나 혹은 반대한다는 것을 분명히 보여줄 필요가 있다.

"넌 정말 착한 아이구나."라든지 "오늘은 정말 한심하구나." 같은 말은 버릇을 고치는 데 도움이 되지 못하며 사랑과 행동의 승인을 혼동하게 만든다.

"부탁도 안 했는데 설거지를 도와주다니 정말 고맙구나."라든지 "네가 쓰레기를 치우지 않아서 화가 났단다." 같은 말이 보다 효과적이며, 포괄적인 말보다 훨씬 분명한 의미를 전달한다.

아이들이 그다지 뚜렷이 잘한 일이 없을 때에도 아이들에게 사랑한다고 말해주는 것 역시 아이들이 무조건적인 사랑을 받고 있다고 느끼게 한다.

나는 딸 린지의 야구 경기를 보면서 무조건적인 사랑을 이해하지 못할 때 아이가 얼마나 많은 상처를 받을 수 있는지를 깨달았다.

시합 중 상대팀의 어린 소녀가 동료에게 공을 잘못 던져서 공이 경기장 밖으로 나가버렸다. 상대팀의 코치는 즉각 '중간 휴식'을 요청한 다음 그 어린 소녀를 야단치기 시작했다. 그 아이는 당황해하는 모습이 역력했다.

다시 경기가 진행되는 내내, 코치는 점점 더 그 소녀에게 화를 내며 고함을 쳐댔다. 드디어는 그 소녀의 이름 앞에다 '바보 같은', '게으른' 따위의 말을 붙이기 시작했다.

경기가 끝나자 코치는 그 소녀를 쳐다보려고도 하지 않았고, 소녀는 펑펑 흐느껴 울고 있었다. 알고 보니 코치는 바로 그 소녀의 아버지였던 것이다!

소녀는 행동과 성취에 관해 무엇을 배웠을까? 이러한 일이 그녀의 자부심에 어떤 영향을 주었다고 생각하는가?

다시 한 번 말하지만 사랑이 어떤 조건을 요구한다고 생각될 때 어린 아이들은 특히 부정적인 영향을 받게 된다.

몇 해 전에 나는 이웃의 생일 파티에 참석한 적이 있었다. 사람들은 모두 거실에 모여 담소를 나누고 있었다. 주인 부부는 방금 전 세 살배기 아들을 잠자리로 들여보낸 터였다.

한 30분 정도 후, 그 꼬마 아이가 타박거리며 거실로 내려왔다. 그러자 짜증스런 모습으로 아이 아빠가 소리를 질렀다.

"이 녀석, 잠자리에 꼼짝 말고 있으라고 했잖아!"

꼬마는 재빨리 거실에서 사라졌다.

몇 분 후에 나는 화장실에 가다가 복도가 꺾어지는 곳에서 꼬마가 쭈그리고 앉은 채 울고 있는 것을 발견하게 되었다. 그 아이에게 왜 우느냐고 묻자 그 꼬마는 눈물 젖은 얼굴을 들어 나를 보면서 물었다.

"아빠가 나를 사랑하나요?"

이러한 예들은 좀 극단적이지만, 무조건적인 사랑을 자식들에게 가르쳐주지 않는 것이 어떤 결과를 가져오는지를 잘 보여주고 있다.

조금 덜한 경우라도 부모의 사랑이 어떤 조건을 전제로 하는 것처럼 자녀들에게 비춰지는 것은 아이들에게 부정적인 영향을 축적시킬 수 있다.

부모가 무조건적으로 자신을 사랑해준다는 것을 항상 느끼는 아이들은 점점 더 심리적으로 안정이 되고 높은 자부심을 갖게 된다. 그러면 더욱 자신의 가치에 대해 확신을 갖게 되며 자기 내면의 능력에 의존할 수 있게 된다.

반대로, 부모의 사랑이 조건을 전제로 한다고 느끼는 아이들은 심리적으로 불안정하고 항상 외부의 승인이나 동의를 구하려 들게 된다.

자신의 가치에 대해 외부의 인정을 얻으려고 하는 이러한 경향은 같은 나이 또래들과의 관계 설정을 더욱 약하게 만든다. 조건적인 사랑을 경험했던 아이들은 어른이 되면 승진이나 새로운 인간관계 형성을 통해 자신에 대한 인정을 구하려 하는 강박관념에 시달리게 된다. 그들은 아무리 인정을 받아도 만족하지 못하는 것처럼 보인다. 불행하게도 이들은 자신의 가치를 자신이 성취한 것으로 평가받도록 교육을 받았기 때문이다.

반대로, 무조건적인 사랑으로 충만했던 아이들은 전혀 다른 모습을 갖게 된다. 그들의 편안함, 자신감, 좌절을 참아내는 능력은 쉽게 구별이 된다. 그들은 보다 진취적이고 항상 새로운 것을 시도하고자 한다.

어려서 무조건적인 사랑을 받은 성인들은 보다 안정적이고 '덜 소외적'이다. 그들은 비판을 잘 견뎌내고, 자기 자신의 가치를 평가함에 있어 타인이 아닌 스스로를 더 신뢰한다.

자녀들에게 무조건적인 사랑을 보여주는 것은 우리 아이들에 대한 훌륭한 투자이다. 돈이 들지도 않고, 재미있으며, 효과가 아주 큰 투자인 것이다!

심리적 지뢰 3 : 부정적인 감정을 드러내지 말아라

상담을 진행하면서 마주치게 되는 공통적인 문제점 두 가지가 있다. 아내들은 남편이 거리감을 느끼게 한다고 불평을 하고, 남편들은 아내가 분노와 불만을 적절하게 표현하지 못한다고 투덜대는 것이다.

이 문제를 좀더 깊숙이 들여다보면 이런 부류의 사람들은 분노, 실망, 좌절 혹은 슬픔 같은 강렬한 '부정적' 감정을 표현하는 것이 잘못된 것이라고 굳게 믿고 있다. 그런 믿음의 결과로 정서적으로 억제되어 있거나 죄책감에 시달리는 성인이 탄생하는 것이다.

돈과 브렌다 부부의 예를 들어보자. 둘 다 이십대 후반인 이 부부는 서로간에 너무나 상이한 육아방식에 대한 상담을 하기 위해 나를 찾아왔다.

브렌다는 두 아들이 자유롭게 감정을 표현할 수 있도록 용기를 북돋아주는 편이었다. 예를 들어 동네 야구경기에서 아이들이 지고 왔을 때는 아이들과 함께 속상해했다. 아이들이 제대로 감정을 말로 표현하지 못할 때에는 그냥 울고 있는 아이들을 안아주기도 했다.

돈은 이런 브렌다의 방식을 아주 싫어했다. 그는 종종 이렇게 말하곤 했다.

"브렌다, 애들 좀 그만 나약하게 만들라구. 마음먹은 대로 안될 때 어떻게 대처해야 하는지도 배워야 해."

그는 아들들이 그렇게 '약한' 감정을 드러내는 것을 볼 때면 화가 나고 속이 상하는 것 같았다.

소규모 카펫 제조 공장의 소유주인 돈은 직원들에게도 차갑고 무관심한 듯 보였다. 비서가 교통사고로 아들을 잃었을 때도 돈은 냉담한 태도를 유지하려고 했다. 비서가 감정에 북받쳐 할 때마다 불편해하는 것이 눈에 보였다.

브렌다도 자신의 감정을 나타내야 할 일이 있으면 남편이 아닌 친구나 다른 친척들을 만났다.

돈은 감정을 드러내는 것을 그다지 탐탁하게 생각하지 않는 가정에서 자라났다. 아버지가 공장 감독이고 여덟 명의 형제들과 함께 자란 돈은 아버지와 함께 할 수 있는 시간이 많지 않았다. 엄격한 원칙주의자였던 그의 부친은 집에 있을 때에는 대개 피곤에 절은 모습이었다. 그의 부친은 인생이란 힘들고, 원칙을 지키며 살아야 하는 것이라고 생각하고 있었다. 따라서 그는 자신의 아이들에게도 이러한 인생을 이겨나갈 수 있도록 '강인' 하기를 요구했다.

자기 자녀들의 마음에 '부정적인 감정을 드러내는 것은 나쁘다.' 라는 심리적인 지뢰를 심어주는 부모들은 대개 스스로가 감정을 나타내는 것을 불편해하고, 그런 이유로 아이들에게 적절한 본보기를 제시해주지 못하는 사람들이다. 감정을 적절하게 표현하고 대응할 줄 모르는 그들의 그런 결점이 불행하게도 아이들에게 전파가 되는 것이다. 그들은 또한 아이들의 감정 상태를 무디게 만듦으로써 아이들이 분노나 공포를 표현하지 못하도록 하기도 한다.

"울지 마라."라든지 "동생한테 화내면 안돼."와 같은 말은 일반적인 감정 표현을 금지하고 있다. 원래 아이들은 울기 마련이고 화를 낸다는 것은 정상적이고 건강한 행동이다.

"걱정하지 않아도 돼. 잘할 수 있을 거야." 같은 조심스런 표현도 역시 마찬가지다. 부모가 이런 식으로 말을 하면 아이들은 자신들이 어떤 기분을 느낄 권리가 없다고 생각하거나 또는 자신들의 감정은 중요한 것이 아니라는 생각을 갖게 된다.

아이들의 기분을 좋게 해주려고 하다가 부모들은 가끔 의식하지 못한 채 아이들의 감정을 무시해버리기도 한다.

주디와 그녀의 열네 살인 딸 티파니의 예를 보자.

어느 날 오후 티파니는 화가 많이 난 채 학교에서 집으로 돌아왔다.

엄 마 : 무슨 일이니, 티파니? 화난 것 같구나.
티파니 : 엄마, 브레드가 이제 나랑 더 이상 친하게 지내지 않겠대. 걔는 바보 같은 앨리스가 좋대. 다음달 열리는 댄스 파티에도 같이 가자고 했대.
엄 마 : (딸의 어깨에 팔을 두르고, 입가엔 엷은 미소를 지

으며) 얘, 속상해하지 마. 엄마는 브레드가 그다지 맘에 들지 않았단다. 그리고 넌 또 금방 댄스 파티에 같이 갈 남자친구를 사귈 수 있을 거야.

 불행하게도 그녀는 서둘러 딸을 달래려다가 딸에게 남자친구가 떠나가버린 것을 슬퍼해서는 안된다는 느낌을 주게 된 것이다. 사실 남자친구가 떠나버렸을 때 슬퍼하는 것은 아주 자연스런 반응이다. 주디는 딸을 달래기 전에 먼저 그런 딸의 감정을 인정했어야 했다.
 모든 사람들은 다양한 감정을 가지고 있다. 즐거운 감정도 있고 그렇지 않은 감정도 있는 것이다. 분노나 공포 같은 강한 '부정적'인 감정을 느끼는 것도 당연하고 자연스러운 일이다.
 나는 이러한 사실을 대학원에서 배웠다. 대학원에 가자 갑자기 많은 다양한 사람들을 만나게 되었는데 그들에게는 두드러진 공통점이 있었다. 모두 굉장히 똑똑하다는 점이었다. 모두 자기가 무엇을 하고 있는지를 정확히 알고 있는 것 같았고 아주 능숙하게 일상의 일들을 해나가는 것 같았다.
 멜린다는 그 중에서도 단연 돋보이는 학생이었다. 그녀는 한치의 오차도 없이 어떤 문제라도 처리해내는 것처럼 보였다. 반면에 나는 멜린다와 다른 학생들이 나를 항상 조마조마하게, 마치 가짜 학생인 양, 거기에 전혀 어울리지 않는 사람으로 생각하고 있다고 느꼈다.

나는 멜린다와 다른 대학원생 두 명과 같이 대학원 사무실을 사용하게 되었다. 그렇게 같은 사무실을 쓰게 된 지 약 2주일이 지났을 때 멜린다가 갑자기 나를 쳐다보면서 말했다.

"케빈, 어떻게 그럴 수 있지? 넌 항상 뭐든 다 알고 있고 뭐든 다 잘하는 것 같아."

내가 얼마나 놀랐는지 상상할 수 있겠는가.

바로 그 순간 나는 모든 사람들은 두려움을 느끼고 불안해한다는 것을 깨달았다.

우리가 부모로서 해야 할 일은 아이들에게 그들이 원하는 대로 느낄 권리를 가지고 있으며 그런 느낌은 지극히 자연스러운 것이라는 것을 알려주는 것이다. 그런 감정은 누구나 느낄 수 있는 것이다. 단지 그런 느낌을 표현하는 데 있어서 적절하거나 적절하지 못한 방법이 있을 뿐, 그런 느낌을 경험하는 것은 아주 정상적이고 건강한 것이다. 그러한 감정에 대해 불편해하지 않을수록 우리 아이들은 장래에 더 편안하게 인간관계를 맺게 되고 남을 배려할 수 있게 되는 것이다.

심리적 지뢰 4 : 모두 다 나를 좋아해야 해

이십대 중반의 매혹적인 여성, 줄리가 최근 소개를 받아

만나게 된 사람과 첫 데이트를 하면서 겪은 이야기를 울면서 들려주었다.

젊은 남자가 그녀 앞으로 다가오더니 줄리를 차에 태운 다음에 갑자기 오늘 데이트 계획을 바꿔버렸다고 선언했다. 저녁을 먹을 때 그 남자는 줄리와 상의도 하지 않고 음식을 주문했고, 또 양해를 구하지도 않고 담배를 피워댔다. 데이트 시간의 대부분은 휴대폰으로 통화를 해댔고 나머지 시간은 자기 자신에 대해서만 떠들어댔다. 당연히 줄리는 끔찍한 데이트를 한 셈이었다.

그러나 줄리가 지금 내 상담실에 찾아온 이유는 그 남자가 다시 만나자는 데이트 신청을 안 했기 때문이었다. 그녀는 자기가 무엇을 잘못했는지 의아해하고 있는 것이다!

제이슨은 어느 날 오후 요란스럽게 나에게 전화를 했다. 그는 숨가쁘게 직장에서 일어났던 일을 설명했다.

그는 동료와 함께 중요한 프로젝트를 수행하고 있었다. 프로젝트를 완료한 후 상사에게 보고하기 바로 전날 아침, 제이슨은 동료가 맡아서 하던 프로젝트의 일부분이 누락되어 있는 것을 발견했다. 동료에게 그 사실을 지적하자 동료는 화를 내며 제이슨에게 비난을 퍼부었다. 제이슨은 분명히 자신이 옳았지만 걱정스럽고 후회스러운 마음이 들었다. 왜냐하면 동료가 자신에게 화를 낸 것은 '분명히' 자기가 뭔가를 잘못했기 때문일 테니까.

두 사람의 이야기에는 공통점이 있다. 줄리와 제이슨 모두 자신의 마음을 편안하게 하기 위해서 필사적으로 타인의 인정을 구하고 있었다. 이러한 외부의 승인을 얻기 위해서라면 그들은 기꺼이 자신의 동기, 기분 그리고 행위에 대해 의문을 던질 준비를 하고 있었다. 줄리와 제이슨 모두 자신에게 만족하기 위해 타인에게 의존하고 있는 것이다.

어린 시절, 우리는 다른 사람들과 잘 지내도록 자연스럽게 교육을 받으면서 부모나 선생님, 또 다른 권위 있는 사람의 뜻에 따라야 한다는 강력한 메시지를 받게 된다. 또한 우리는 같은 또래와 잘 어울려서 놀고 가능한 한 싸움은 피하도록 교육을 받는다.

우리 사회에서는 여자아이들이 이러한 메시지에 특히 약하다. 우리들은 판에 박힌 듯한 성의 역할 차이를 최소화하려고 하지만, 여자와 남자아이들에게 전하는 메시지에는 엄연하게 차이점이 존재한다. 부모들은 여전히 남자아이들에게는 경쟁심과 성취욕을 강조하는 경향이 있다. 그리고 여자아이들에게는 좀더 싹싹하고 자상해야 한다고 말하는 경향이 있다. 성 차별을 피하려고 애쓰는 부모들에게서도 어렵지 않게 이런 경향을 찾아볼 수가 있다.

그게 뭐가 문제입니까, 의사 선생? 좋은 아이가 되라고 가르치는데 뭐 잘못됐나요? 아이들에게 사이 좋게 지내라고 가르치면 안되는 건가요?

물론, 그렇게 가르쳐야 한다. 아이들에게 다른 사람과 사이 좋게 지내고 필요할 경우 권위에 따르도록 가르치는 것은 중요하다. 그러나 그러한 가르침이 거기에서 멈춰버릴 때 문제가 발생한다. 타인과 사이 좋게 지내야 한다는 것과 함께, 때론 갈등이 불가피하며 당연하다는 것을 균형 있게 가르쳐주는 것이 중요한 것이다. 나아가 아이들은 자신의 감정을 어떻게 적절하게 표현할 것인가와 또 그런 표현에 대해 자신감을 갖는 것을 배워야 한다.

모든 사람을 기쁘게 해줘야 한다는 생각을 가지고 성장하는 어린이는 어느새 자기 회의와 걱정으로 가득 차게 된다. 자기의 가치에 대한 느낌이 전적으로 타인의 손아귀에 들어가게 되는 것이다. '네가 나를 좋아하면 나는 괜찮은 거야. 네가 나를 싫어하면 뭔가 내게 문제가 있는 거야.' 이렇게 자신의 가치를 타인의 의견에 따라 평가하는 어린이나 성인은 남을 악용하는 인간관계나 동료의 압력이 있는 상황에서 쉽게 상처를 받는다.

모든 사람을 기쁘게 할 수도 없으며 그렇게 해서도 안된다는 것을 아이들에게 알려줌으로써 이 심리적 지뢰를 피하게 할 수 있다. 부모는 자녀들에게 때론 갈등이 불가피하며, 상대방의 의견을 경청해야 하지만 자신의 의견이 옳다고 생각될 경우에는 그 의견을 고수해야만 한다는 것을 가르쳐주어야 한다. 이따금 아이들이 부모들과 의견을 달리할 때, 그것을 허용해줌으로써 우리는 아이들에게 부모와 의견이 다를지라도 그들의 감정과 욕구가 중요한 것이라는 걸 알려준다.

최근 나의 친구가 처했던 상황이 좋은 예가 될 것이다.

크레익에게 열한 살짜리 아들 어니가 와서 한창 유행하고 있는 스프링 도약대를 사달라고 했다. 어니의 친구들은 벌써 여러 명이 구입을 했지만 크레익은 허락해주지 않았다.

그러나 크레익이 망설이는 데는 그럴 만한 이유가 있었다. 어니가 스프링 도약대를 사는 데 필요한 돈을 저금해 놓았지만 크레익은 어니가 금세 그 운동기구에 싫증을 내고 그 돈을 쓴 것을 후회할까 봐 걱정이 되었던 것이다.

그는 아들에게 그런 그의 생각을 설명했지만 아들은 막무가내였다. 그러나 크레익은 경험으로 터득한 기술을 써보았다. 바로 시간을 질질 끄는 것이었다. 그러나 몇 주가 지나도 아들의 생각은 변함이 없었다. 어니는 오히려 돈을 더 모으기 위해 이런저런 심부름까지 마다하지 않았다. 마침내 크레익이 양보를 했다. 그는 아들에게 말했다.

"그렇게 간절히 원한다면 스포츠 용품점에 데리고 가주마."

아들이 아빠를 바라보면서 물었다.

"그럼 아빠, 지금은 그걸 사는 게 더 좋다고 생각하시는 거예요?"

친구는 현명하게 대답했다.

"아니란다, 애야. 아빠 생각은 아직 그대로지만 네가 그토록

원한다면 아빠는 네가 스스로 결정을 하도록 하는 거란다."

이런 작은 문제에 아들이 스스로의 의견을 피력할 기회를 줌으로써 비록 자신의 의견과는 달랐지만 아들의 의견도 가치가 있다는 것을 알려준 것이다. 그러한 그의 결정은 분명히 아들을 보다 자신감 있는 사람으로 키우고, 어떤 일이든 스스로 일처리를 해나갈 수 있는 성인으로 만들고자 하는 깊은 뜻에서 비롯됐을 것이다.

아이들이 자기 자신의 의견과 믿음을 신뢰할 수 있도록 힘을 실어줌으로써 우리는 아이들이 또래들로부터 받게 되는 압력을 견뎌내는 힘을 키워줄 수 있다. 이러한 것을 배운 십대는 친구들이 수업이 끝난 다음 담배를 피우자고 할 때 딱 부러지게 거절할 가능성이 크다. 반대되는 의견 앞에 당당히 마주서는 것을 배운 사춘기 소녀는 아직 준비가 안된 상태에서 잘못된 타락의 길로 빠지게 될 가능성이 적을 것이다.

심리적 지뢰 5 :
실수를 하거나 도움을 청하는 것은 잘못된 일이다

내가 어린 시절 실수에 대해 배우게 된 것은 저녁 식탁에서 형제 중 누군가가 우유를 흘렸을 때였다. 매우 엄격한 사람이었던 나의 계부는 즉시 벌떡 일어나 실수를 한 아이에게 저절로 주눅이 들 만한 표정으로 고함을 치곤 했다. 그 사소한 일은 금세 엄청난 범죄인양 변화되었고, 불쌍한 꼬마는 죄책감에 부들부들 떨며 금방이라도 눈물을 떨어뜨릴 지경이 되곤 했었다.

그때 우리 집안의 아이들에게는 실수를 저지른다는 것에 관한 강력한 메시지가 각인되었다. 실수는 어떤 대가를 치르더라도 피해야 하고, 만약 실수를 저질렀으면 재빨리 덮어버려야 한다는 것이었다.

아마도 이런 영향을 받았기 때문인지 나는 딸 린지가 실수에 대해서 올바른 교훈을 얻도록 하기 위해 많은 애를 썼다. 실수에 대해 필요 이상의 창피함이나 죄책감을 느끼지 않는다면 실수로부터 값진 교훈을 얻을 수 있다. 어려서부터 린지는 종이타월이 어디 있는지, 그리고 어떻게 우유컵에 다시 우유를 채우는지를 배우게 되었다.

간단히 말하자면, 실수를 한다는 것은 인간적인 조건의 일부이며 가까운 장래에는 변하지 않을 분명한 사실인 것이다. 실수란 자연스러운 것이며 피할 수 없는 것이라는 것을 이해하고 있는 어린이는 보다 더 크게 자기를 받아들일 수 있을 것이다. 그것이 인생을 살면서 시행착오를 저질렀다는 이유로 자신을 비난하는 자기 패배적인 성향을 피해갈 수 있게 한다.

조안은 어느 날 아홉 살짜리 딸 메간을 잠자리에 눕히다이 교훈의 중요함을 배우게 되었다. 메간은 잠자리에 들다가 갑자기 엄마를 쳐다보며 울음을 터뜨렸다.

조안이 놀라 왜 그러느냐고 묻자 메간이 말을 꺼냈다.

"난 바보예요, 엄마. 오늘 수학 시험을 망쳤어요."

어린 딸아이의 얼굴에 나타난 표정은 고뇌 그 자체였다.

조안이 안아서 달래자 딸애는 모든 것을 털어놓기 시작했다. 우등생이었던 메간이 잠시 착각을 해 다른 시험 범위를 준비한 것이었다. 그 결과 메간은 시험을 망쳐버렸다. 실수에 대해 나무라는 대신 조안은 사람들은 모두 실수를 하는 법이라는 것을 딸에게 확실히 일러주었다. 그런 다음 조안은 메간에게 그런 실수를 되풀이하지 않기 위해서 해야 할 일이 무엇인지를 물었다. 앞으로는 수업시간에 집중을 하고 과제에 더욱 신경을 쓰겠다고 다짐을 한 메간은, 한결 마음이 가벼워져서 이불 속으로 들어갔다.

방을 나가기 전에 조안은 몸을 돌려 물었다.

"메간, 만약에 공부해 간 범위에서 시험문제가 나왔으면 어떻게 됐을 것 같니?"

이불 사이로 메간은 조그맣게 대답했다.

"물론, 일 등을 했겠죠."

실수란 일어날 수 있으며 그 실수에서 교훈을 얻을 수 있다는 사실을 강조함으로써 조안은 딸에게 앞으로도 겪을 수 있는 실망에 잘 대처하도록 준비시킨 것이다. 인간이면 누구나 저지를 수 있는 실수를 인정하고 그것으로부터 교훈을 얻도록 함으로써 이 현명한 어머니는 자녀가 자기 자신에 대해 긍정적으로 생각하고 더 나아가 자신감을 키울 수 있도록 도와준 것이다.

이 개념과 밀접한 관련이 있는 것이 도움을 청하는 것은 자신의 무능하고 나약함을 드러내는 것이라는 생각이다. 아이들이 스스로 일을 처리할 수 있고, 독립적인 성인으로 성장하는 것을 도우려는 생각이 과해 우리들은 은연중에 아이들에게 "나는 이 일을 스스로 해야만 해."라는 심리적 지뢰를 심어줄 수도 있다.

요즘처럼 복잡한 세상에서 다른 사람들의 도움 없이 완전히 독립적으로 살아갈 수 있는 사람은 드물다. 이럴 때 주위에 적절한 도움을 요청할 수 있는 지혜를 가지는 것은 이 사회를 슬기롭게 살아가기 위해 무엇보다 중요한 기술이다.

내 남동생은 식당과 나이트 클럽 여러 곳을 소유, 운영하고 있다. 어느 날 우리는 곧 개장할 식당에 대해 의논을 하고 있었다. 나는 개업에 관련된 수많은 크고 작은 일들을 보고 놀라고 말았다. 허가, 면허, 거래처 등 모두 다 골치 아픈 것들이었다. 게다가 동생은 직원들, 서류, 주식, 건물 등에도 신경을 써야 했다. 나는 놀란 채로 그 장황한 얘기들을 듣다가 동생의 말을 막고 이렇게 묻고 말았다.

"세상에, 어떻게 이 일들을 모두 처리할 수 있다는 거지?

너무 무리하는 것 같은데…….”

동생은 어리둥절한 표정으로 대답했다.

"물론 내가 다 하는 게 아니야. 하지만 할 줄 아는 사람을 구할 수는 있지."

내 동생은 자신의 한계와 언제 도움을 청하느냐를 아는 것이 실생활에 유용한 기술임을 알고 있었던 것이다.

부모들은 집안에서 편안하고 협조적인 분위기를 만들어줌으로써 아이들이 이러한 기술을 개발하도록 할 수 있다. 아이가 어떤 질문을 하면 부모들은 항상 어떠한 질문이든 질문 자체를 환영하며 진지하게 생각한다는 것을 확실하게 보여주어야 한다. "그래, 좋은 질문이구나. 같이 생각해보자." 같은 말은 아이들에게 편안한 기분을 강화시키고 탐구심과 호기심을 촉진시킬 수 있다. 가정에서 이와 같은 협조적인 분위기가 이루어진다면, 아이들은 집 밖에서의 관계 속에서도 이런 자신감과 편안함을 적용하게 될 것이다.

부모가 아이들에게 상황을 판단하여 필요할 경우 도움을 청하도록 가르친다면 그것이 바로 아이들이 성공할 수 있는 가능성을 넓혀주는 것이다. 예를 들자면, 수업시간에 선생님께 질문하는 것을 두려워하지 않는 아이는 더 좋은 점수를 얻을 수 있을 것이다. 이와 같은 값진 기술을 배움으로써 아이들은 자신의 목적을 이루기 위해 다양한 자원들을 끌어들일 수 있는 방법을 알게 되는 것이다.

 이 기술을 통해 궁극적으로 아이들은 소외감이나 고독감을 덜 느끼게 되며, 자신감과 자신의 능력에 대한 인식을 빠르게 키워나갈 것이다.

체|크|포|인|트

심리적 지뢰밭 만들기

- 심리적 지뢰란 부모들이 아이들에게 전하는 건강하지 못한 메시지를 말한다. 심리적 지뢰를 심어주는 부모 밑에서 자란 아이들은 자라서 부정적이며 자기 파괴적인 성향을 갖게 된다.

- 피해야 할 심리적 지뢰들은 다음과 같다.
  - 나는 매사에 완벽해야만 한다.
  - 결과가 바로 인격이다.
  - 부정적인 감정을 드러내는 것은 나쁘다.
  - 모두 다 나를 좋아해야 한다.
  - 실수를 하거나 도움을 청하는 것은 잘못된 일이다.

두번째 실수
나쁜 행동 굳히기

나쁜 행동에 집중하기
잘하는 건 당연한 것
'하지 않음'을 강화시킨다

 아이들은 모두 관심을 받고 싶어한다. 이 간단한 명제가 바로 자녀 교육의 시금석이다. 아이들이 올바르게 잘 성장하기 위해서는 부모의 긍정적인 관심을 받아야 한다. 그러나 아이들은 부정적인 관심 속에서도 성장할 수 있다.

 아이들은 자신을 칭찬해주는 부모를 사랑한다. 그러나 반대로 아이들은 완전히 자신을 무시하는 부모보다는 무섭고 귀찮더라도 야단치거나 잔소리하는 부모가 낫다고 생각한다. 아이들은 무시당하는 것을 싫어하기 때문이다.

 불행하게도, 부모들은 일상사에 얽매인 나머지 자녀들이 잘 해나가고 문제가 없을 때에는 자녀에 대한 관심이 뜸해진다. 아이들에게 문제가 생겨야 비로소 관심을 쏟아붓는 것이다. 이것은 결과적으로 아이들에게 부모의 관심을 얻기 위해서는 잘못된 행동을 하라고 요구하는 셈인 것이다.

나쁜 행동에 집중하기

　많은 부모들이 자녀들이 이런저런 잘못된 행동을 저지르고 있다며 불평불만을 털어놓는다. 그 내막을 자세히 들여다보면 이러한 문제들은 자녀들의 잘못된 점에만 관심을 기울이는 부모들 때문에 생기는 경우가 많다. 결과적으로, 부모들은 자신도 모르는 사이에 자녀들의 잘못된 행동을 부추기고 있는 것이다.

　테리는 두 살밖에 안된 그녀의 남동생과 자주 싸우는 것 같았다. 테리의 부모는 항상 그녀에게 동생을 건드리지 말라거나 사이 좋게 놀라고 주의를 주곤 했다. 부모들은 테리에게 꾸중을 하기도 하고 회초리를 들기도 했지만 테리의 행동은 막무가내였다. 테리의 부모는 테리가 그런 행동을 할 때마다 테리에게 소리를 지르고 자기 방으로 쫓아버리곤 했다. 어린 동생에게 부모의 사랑을 빼앗겨버렸다고 느낀 테리는 부모의 관심을 끄는 올바른 방법을 알기에는 너무 어렸다. 그렇지만 테리는 동생을 괴롭히면 원하던 부모의 관심을 받을 수 있다는 사실만은 알았던 것이다.

　올바른 부모가 되기 위해서는 아이들의 긍정적인 행동을 파악하고 그것에 관심과 칭찬이라는 보상을 해주는 법을 배워야 한다. 간단한 이야기처럼 들리겠지만, 긍정적인 행동을 파악하고 보상하는 것에는 상당한 노력이 필요하다. '달리는 말에는 채찍질을 하지 않는다.'라는 함정에 빠져 아이들이 올바르게 행동할 때 침묵하고 있기가 훨씬 쉽기 때문이다.

테리의 경우 어린 동생에 대한 문제는 아주 쉽게 해결되었다. 테리의 부모에게 테리가 동생을 괴롭히지 않을 때에도 테리에게 관심을 보여주도록 했기 때문이다. 그들은 테리에게 동생과 참 잘 놀아주었다든지 테리를 아주 사랑한다든지 하는 식으로 칭찬을 해주었다. 테리의 부모들은 그들의 관심을 테리가 행동을 잘못했을 경우에서 잘하는 경우로 바꾸는 법을 배워야 했던 것이다. 일주일도 지나지 않아서 테리의 행동은 눈에 띄게 좋아졌다.

잘하는 건 당연한 것

인턴 시절, 나는 주립병원의 십대 전문 병동에 근무했었다. 십대 환자들은 입원하면 우선 1단계에 수용되었다. 그 후 처방을 잘 따르면 2단계와 3단계로 올라가게 되고 마지막 4단계가 되면 퇴원할 수 있었다. 주말 외출, 자유시간, 구내매점에서 사용할 수 있는 쿠폰 등 단계가 높아질수록 누릴 수 있는 권리도 많아졌다.

내가 처음 병동에 배치되었을 때는 대부분의 환자들이 1단계와 2단계에 몰려 있었고 3단계와 4단계에 속하는 환자는 소수에 불과했다.

며칠 지나지 않아 그 원인을 파악할 수 있었다. 매일 아침마다 의료진들은 전날 파악한 환자 개개인의 상태에 대해 회의를 했다. 그리고 십대 환자들을 그 회의에 부르곤 했다. 의료진은 잘못된 행동을 저지른 환자들에게 대부분의 시간을 할애하고 있었다. 올바르게 행동하고 병동의 규칙을 잘 따르는 환자들에게는 잠깐 멈춰서 '계속 잘 하도록'이라는 말을 건네고 이내 다른 환자에게 관심을 돌려버리는 것이었다.

나는 올바른 행동을 한 환자에게도 관심을 가져주자고 제안했다. 병원의 처방에 잘 따르는 환자에게도 문제를 일으키는 환자와 같은 시간을 할애해주자는 것이었다.

이 방법을 시행한 후 2주일 만에 환자의 60%가 3단계와 4단계로 올라갔다. 극적인 향상이었다. 바뀐 것이라고는 관심의 초점이 부정적인 행동에서 보다 긍정적인 것들로 약간 옮겨진 것뿐이었다.

긍정적인 행동을 보상해주면 엄청난 효과를 얻을 수 있다. 효과를 높이기 위해서 부모들은 포괄적으로 칭찬하기보다 어떤 특정한 행동에 대해서 칭찬을 해야 한다. "손님을 맞으러 나가줘서 고맙구나."와 같은 말이 "오늘 정말 착하구나."라는 말보다 훨씬 효과적이다.

상담자의 자녀 중에 열두 살의 캐빈이라는 아이가 있었다. 캐빈에게는 학교에서 돌아오면 거실에 책가방, 신발, 웃옷

따위를 그냥 던져놓는 골치 아픈 버릇이 있었다. 캐빈의 어머니는 캐빈을 타이르고, 야단도 치고, 벌을 주기도 했지만 아무 소용이 없었다. 캐빈은 여전히 거실에 물건들을 내던져 두고 있었다. 실제로 캐빈의 어머니는 캐빈의 그런 행동에 관심이라는 보상을 주고 있던 셈이었다.

실망에 빠져 있던 어머니는 나의 권고에 따라 캐빈이 자신의 물건을 자기 방으로 가져갈 때를 기다리기 시작했다. 이런 경우에는 대부분 긍정적인 행동이 극히 드물다. 하지만 전혀 발생하지 않는 것은 아니다. 그때를 기다리며 캐빈의 어머니는 그저 묵묵히 캐빈의 물건들을 챙겨 차고에 가져다 놓기만 했다. 대신 그곳은 다음날 아침 캐빈이 물건을 꺼내오기 힘든 장소였다.

며칠이 지나고 캐빈이 거실에 아무것도 던져놓지 않은 때가 '찾아왔다'. 캐빈의 어머니는 캐빈의 방으로 올라가 그를 꼭 안아주면서 참 착하다는 칭찬을 해주었다. 캐빈은 처음에는 의외인 듯 놀라는 것 같더니 이내 뭔가를 해냈다는 듯한 자랑스러운 얼굴이 되었다. 자신의 방에 자기 물건을 가져간 것에 대해 긍정적인 관심을 얻음으로써 캐빈은 계속해서 그와 같은 행동을 하려고 했다. 캐빈의 어머니는 지금도 때때로 캐빈을 칭찬해주는 것을 잊지 않고 있다.

항상 학교에서 집으로 자기 물건을 가져오는 것을 잊어버리는 어린 아이가 있었다. 이 아이는 숙제를 잊어버리거나,

책이나 책가방을 다 놓고 오곤 했다. 당연히 부모들은 걱정이었다. 그들은 아이에게 무엇이 문제인지를 확인하기 위해 심리테스트를 받고 싶어했다.

심리테스트를 하는 대신에 나는 다른 제안을 했다. 아무것도 잊지 않고 온 날 아이에게 부모들이 얼마나 기쁜지, 그리고 책임감이 있다고 생각하고 있는지를 말해주라고 말이다. 만약에 두 번 연속으로 아무것도 잊지 않고 오면 아이스크림 가게로 데려간다든지 하는 실제적인 보상을 해주도록 했다. 이 아이는 일주일 내에 괄목할 만한 발전을 했고, 심리테스트는 필요가 없어졌다.

아이들은 어떤 과제를 수행하는 데 필요한 기술이나 지식을 가지고 있지 않은 경우가 많다. 이럴 때 어떻게 아이들에게 보상을 해줄 수 있을까? 그래서 때로는 점진적으로 조금씩 보상을 함으로써 원하는 과제를 수행할 수 있는 능력을 키워줄 필요가 있는 것이다.

예를 들어 나는 린지가 네 살이 되었을 때 린지에게도 잠자리를 정돈하는 법을 가르치고 싶었다. 우선 나는 린지에게 어떻게 잠자리를 정돈하는지를 보여주고 그 다음날 아침 한 번 해보도록 했다. 다음날 아침 제대로 했는지 가보았더니 린지는 시트를 절반쯤 침대에 정돈해놓았다.

나는 이렇게 칭찬을 해주었다.

"처음 한 것치곤 아주 잘 했구나, 얘야. 아빠는 네가 자랑스럽다. 내일은 이렇게 시트를 침대에서 전부 다 접어두는 게 어떻겠니?"

 나는 다시 한 번 제대로 시범을 보여주었다. 다음날 아침, 린지는 나를 자기 방으로 데리고 가서 얼마나 자기 솜씨가 늘었는지 열심히 보여주었다. 나는 다시 한 번 칭찬을 해준 다음 마지막으로 다음에는 베개도 가지런히 침대 위에 놓아두라고 했다. 그 다음날 린지는 정말 신이 나서 잘 정돈된 침대를 내게 자랑했던 것이다! 물론, 나는 린지에게 잘했다고 칭찬하고 그렇게 열심히 노력한 것이 얼마나 자랑스러운 일인가를 말해주었다. 이제 린지는 아주 능숙하게 잠자리를 정리하고 있으며, 때로는 아빠의 서툰 솜씨를 놀리곤 한다.

'하지 않음'을 강화시킨다

 부모들은 부정적인 행동을 '하지 않음'을 강화시켜야 할 경우도 있다. 다시 말하자면, 아이가 적절하지 못한 행동을 보이는 경우 부모는 그런 행동을 하지 않는 것에 대해 칭찬을 해주어야 한다는 것이다.

 다시 한 번 린지의 경우가 좋은 예가 되고 있다.

 어린 아이를 키우는 부모들 대부분은 전화를 할 때 아이들이 얼마나 귀찮게 하는지 경험으로 잘 알고 있다. 린지도 예외가 아니었다. 아빠가 전화를 끊을 때까지 얌전히 있으라고 하면 할수록 린지는 더욱 막무가내였다. 얼마 지나지 않아 나는 린지의 잘못된 행동에 대해 관심이라는 보상을 해주고 있었다는 것을 깨닫고 뭔가 다른 방법을 취해야 한다는 생각을 했다. 며칠 지나지 않아서 멋진 기회가 찾아왔다.

어느 날 저녁, 나는 전화를 받으면서 린지가 근처에서 장난감을 가지고 놀고 있는 것을 보았다. 전화는 잘못 걸려온 것이었고 금방 끊었기 때문에 린지가 미처 끼어들 시간이 없었다. 나는 즉시 그 기회를 이용해서 린지가 아빠의 통화를 방해하지 않아서 얼마나 고마운지 모르겠다고 말했다. 린지는 처음에는 어리둥절해하다가 금방 환한 웃음을 띠었다. 마치 "아, 내가 그랬군요, 그렇죠?"라고 말하는 것처럼.

그날 저녁, 전화가 다시 울렸다. 내가 전화를 받으러 가자 린지도 나를 따라 내려왔다. 놀랍게도 린지는 내가 45분 정도 통화를 하는 내내 내 무릎을 벤 채 얌전하게 있었다. 내가 전화를 끊자마자 린지는 머리를 번쩍 들고 자랑스럽게 외쳤다.

"아빠, 내가 자랑스럽죠? 아빠가 통화를 하는 동안 내가 귀찮게 하지 않았잖아요!"

나는 린지를 번쩍 들어올려 껴안은 다음 정말로 얼마나 기쁜지 모르겠다고 말해주었다. 나는 린지가 한 일을 대단한 것으로 대해주었고 그 후로 린지는 내가 전화를 할 때 더이상 나를 귀찮게 하지 않았다. 나는 지금도 전화를 할 때 린지가 얌전히 있어주는 것에 대해서 가끔씩 칭찬을 해주는 것을 잊지 않고 있다.

올바른 행동을 하면 부모의 관심을 얻을 수 있다는 사실을 알려주는 것이 아이들의 바람직한 행동을 키우고 적절하지 못한 행동을 줄이는 가장 좋은 방법이다. 이렇게 하는 것이 아이들이 잘못 행동했을 때에만 관심을 기울이는 것보다 훨씬 효과적이다. 이러한 접근 방식은 아이들에게 자신의 능력과 자신감, 자기 가치에 대한 의식을 키워준다는 장점을 함께 지닌다. 그리고 아이들에게 잘하고자 하는 동기도 부여한다.

예를 들어, 어느 날 아이가 수가 네 개이고 미가 한 개인 성적표를 가지고 온다면 부모들은 수에 대해서 이야기하거나 미에 대해서 이야기하는 두 가지의 선택을 할 수 있을 것이다.

주로 미에 대해서 이야기한다면 아이는 수치와 실패감을 키우게 된다. 그렇게 된다면 다음 학년에서 더 잘하도록 하기 위한 동기를 부여하는 데 전혀 도움이 안될 것이다.

아빠 : 네 성적표 좀 보자꾸나, 얘야.
아들 : (아빠에게 성적표를 건네며) 좋아요, 아빠. 수학만 빼고 전부 다 수예요.
아빠 : 그래, 그렇지만 수학은 미를 받았구나. 아빠가 매일 저녁 숙제를 해야 한다고 하지 않았니? 숙제에 좀더 신경을 쓰고 비디오 게임을 조금

만 덜 했으면 수학도 수를 받았을 게 아니니.
아들 : 하지만 아빠······.
아빠 : 변명은 듣고 싶지 않다. 이젠 변화가 필요한 것 같다. 성적이 올라갈 때까지 비디오 게임은 안 하는 거다. 알겠지?
아들 : 네, 아빠.

 보다 효과적인 방법은 아이가 열심히 해서 수를 4개나 받은 것을 칭찬한 다음, 수학 과목에 대해 어떤 도움이 필요한지를 묻는 것일 것이다. 그러면 아이는 보다 더 자신을 갖고 더 잘 해야겠다는 동기를 가질 수 있을 것이다. 아이가 수를 받은 것에 대해 부모가 보여준 커다란 관심에 동기를 부여받아 수학 과목의 성적을 올리기 위해 더 노력하고, 필요하다면 도움을 청할 가능성이 훨씬 커진다.

아빠 : 네 성적표 좀 보자꾸나, 얘야.
아들 : (아빠에게 성적표를 건네며) 좋아요, 아빠. 수학만 빼고 전부 다 수예요.
아빠 : 정말 그렇구나. 국어하고 국사 점수가 올라갔구나. 정말 대견하다.
아들 : (웃으면서) 고마워요, 아빠.
아빠 : 그런데 수학에 약간 문제가 있는 것 같구나. 내가

도와줄까?

아들 : 괜찮아요. 나눗셈을 배울 때 잘 따라가지 못했어요. 그래서 문제 두 개를 틀렸어요.

아빠 : 지금은 할 수 있니?

아들 : 음, 그렇다고 생각은 하는데 확실하게 자신은 없어요.

아빠 : 이렇게 하자. 다음 주에 아빠가 조금 가르쳐주면 어떨까? 그러면 성적을 올릴 수 있을지 어떨지 확실하게 알 수 있을 거야.

아들 : (안심하면서) 고마워요, 아빠. 그게 좋을 것 같아요.

특히 나이가 어린 아이들의 경우 칭찬받을 수 있는 행동이 무엇인지 알지 못하는 경우가 있다. 강연을 들은 어느 아주머니가 자기 아이에 대해 상담을 하러 찾아온 적이 있었다.

"저는 딸아이가 용변을 가리도록 하고 있어요. 하지만 전혀 하려고 하지 않는데 도대체 어떻게 칭찬을 하라는 건가요?"

나도 용변을 가리게 하는 일이 쉬운 일이 아니며 힘이 든다는 사실에는 수긍을 했다. 나는 그 아주머니에게 아이가 용변을 볼 때마다 화장실로 데려가도록 했다. 그리고 아이를 변기에 앉힌 다음 아이에게 평소대로 용변을 보게 하는 것이다. 결국 아이는 용변을 보게 될 것이다. 엄마가 시켜서든 아니면 우연이든. 그렇게 아이가 일을 보았을 때 엄마는 아주 잘했다고 칭찬을 해주어야 한다. 나는 그 어머니에게 '아이가 제대로 하는 순간을 잡을' 때까지 인내심을 가져야 한다는 점을 상기시켰다.

다시 한 번 기억해야 할 것은 아이들은 관심을 원한다는 점이다. 관심이 바로 보상인 것이다. 부모로서 여러분들은 아이들의 긍정적인 행동에 대해 초점을 맞춰 보상을 하든지 아니면 부정적인 행동에 대해서만 관심을 보일 것인지를 선택할 수 있다.

관심의 대상을 변경하는 데에 처음에는 노력이 필요할지도 모른다. 그러나 그렇게 함으로써 얻을 수 있는 것은 너무도 크다. 그 노력을 통해 내 아이를 더욱 착하고 보다 행복하고 건강한 아이로 만들 수 있다.

체|크|포|인|트

나쁜 행동 굳히기

- 모든 아이들은 관심을 원한다.
- 잘못된 행동이 아니라 올바른 행동을 할 때 관심이라는 보상을 해주어라.
- 포괄적인 칭찬이 아니라, 특정한 행동에 대해서 보상을 하라.
- 아이들의 올바른 행동을 '잡아낸' 다음 그 행동에 대해 보상을 하라.
- 바람직한 행동에 이르기까지 여러 가지 단계로 나누어, 각 단계를 유도하라.
- 때론 부정적인 행동을 안 하는 것에 대해 보상을 할 필요도 있다.

세 번째 실수
갈팡질팡하기

일상사에서의 일관성
처벌에서의 일관성
안정감을 형성하는 일관성

 부모들이 가장 저지르기 쉬운 실수가 아이들을 대할 때 갈팡질팡하는 것이다. 어째서 아이들에게 일관성 있게 대하지 못하는지에 대해 부모들은 수많은 핑계를 대곤 한다. 시간이 없다, 정신이 복잡하다, 스트레스가 쌓였다 등. 이유가 무엇이든 아이들을 일관성 있게 대하지 않는 데서 여러 가지 행동상의 문제가 발생한다.

 상담을 받으러 오는 부모들 중 많은 수가 자녀들에게 엄격하게 대하는 것과 관대하게 대하는 것 중 어느 쪽이 더 좋은가를 질문하곤 한다.

 사실, 권위주의적인 가정이나 자유분방한 가정 어디서나 아이들을 훌륭하게 키울 수 있다. 가장 중요한 것은 그러한 방침이 언제나 아이들에게 예측 가능하고 일관성 있게 적용되어야 한다는 것이다. 일관성이 있다는 것은 어떠한 규칙을 고수하고 그에 따른 결과를 수용하는 것을 의미한다. 어떤 규칙을 정하거나, 또는 어떤 벌을 주겠다고 한 경우 부모는 그 말을 반드시 이행해야 한다.

아이들은 재빨리 그 말이 어느 정도까지 효력이 있는지 시험해보는 법을 배운다. 특히, 부모들이 말만 꺼내고 그것을 실행하지 않는 경우 더욱 그렇다.

몹시 속이 상한 어머니 한 분이 자신의 열네 살 아들 제임스에 관한 이야기를 열심히 늘어놓은 적이 있다. 그 부인은 제임스에게 자기 방을 청소해야지만 밖에 나가서 친구들과 스케이트를 탈 수 있다고 말했다.

겨우 청소하는 시늉만 낸 다음에 제임스는 밖으로 나가려 했다. 어머니는 제임스를 멈춰 세운 다음 나가기 전에 방을 다 청소해야 한다고 했다. 제임스는 먼저 나가서 스케이트를 탄 다음에 청소를 끝마치겠다고 반항하듯 말을 했다. 어머니는 지금 나가면 주말에 외출 금지라는 말로 대응을 했다.

그래도 제임스가 계속 지금 나가 놀겠다고 고집을 부리자 어머니는 "나가지 말란 말이야! 알았지?"라고 경고를 했다. 경고가 되풀이될수록 목소리는 커졌고 더욱 노기를 담게 되었다. 그렇게 경고를 여섯 번이나 되풀이하고 나서야 제임스는 다시 방 청소를 하기 시작했다.

그렇다면 제임스와 어머니 사이에 오간 이런 일이 의미하는 것은 무엇인가?

긍정적으로 보자면 제임스는 해야 할 일을 다시 하게 되었다. 그러나 불행하게도 제임스는 그다지 긍정적이지 못한 요소도 함께 배우게 된 것이다. 제임스에게 나가면 안된다는 말을 대여섯 번이나 되풀이함으로써 제임스의 어머니는 제임스에게 처음 네다섯 번의 말은 별로 의미가 없다는 인식을 심어준 셈이었다. 아마도 제임스는 엄마가 정말로 화가 난 상태가 아니라면 엄마의 말을 따르지 않아도 된다는 것을 알고 있었을 것이다. 그리고 엄마가 화났는지는 목소리를 들으면 알 수 있다고 생각했을 것이다.

처음 엄마가 경고했을 때, 엄마가 그 경고대로 하리라고 생각하지 않았기 때문에 제임스는 정말 심각한 상태에 이를 때까지 엄마의 기분을 테스트해 본 것이다.

내 추측으로는 제임스의 어머니가 그전부터 그다지 아이에게 일관된 태도를 보이지 않았던 것으로 보인다. 만약에 이전에 경고를 하자마자 바로 말한 대로 이행했더라면 이번과 같이 바람직하지 않은 상황은 결코 벌어지지 않았을 것이다. 제임스는 처음 경고를 들었을 때 그 경고를 받아들여야 한다고 생각했을 것이고 상황을 확대시킬 생각은 조금도 하지 않았을 것이다.

부모들이 약속이나 보상에 대해서 한 말을 지키는 것도 똑같이 중요하다.

여덟 살배기 남자아이가 해야 할 자질구레한 일을 좀처럼 하려고 하지 않는다고 걱정을 하는 젊은 부부 한 쌍이 있었다.

나와 그 부부는 아이들의 일과에 대해 도표를 만들고 보상 제도를 고안해보았다. 아이가 어떤 일을 할 때마다 부모들은 도표에서 그 일의 표시에 스티커를 붙여주었다. 그리고 주말마다 아이가 받은 스티커 수를 계산한 다음 그에 따른 보상을 해주었다. 예를 들어 스티커가 몇 개 이상이면 게임을 몇 시간 해도 된다거나, 친구와 함께 놀러 나가도 된다는 식이었다.

몇 주일 후에 그 부부가 다시 나에게 와서 불평을 늘어놓았다. 그 보상 제도가 더 이상 효과가 없다는 것이었다. 아이는 다시 해야 할 일들을 소홀히 하고 있었다.

아이와 상담을 해본 결과 나는 그 부부가 약속한 보상을 실행하지 않았다는 것을 알 수 있었다. 아이의 부모들은 자신들이 그렇게 행동했다는 것은 생각지 않고 그 보상 제도가 효과를 잃은 것에 당황한 것이다.

일관성을 잃음으로써 그 부모는 보상 제도의 효력을 잃게 했을 뿐 아니라 의도하지 않은 결과를 초래했다. 부모가 아이에게 한 약속은 그다지 믿을 만한 가치가 없다는 사실을 아이에게 가르쳐준 것이다.

또 다른 가정의 사례로 열두 살 먹은 딸아이 에이미와 숙제를 하는 것 때문에 자주 전쟁을 벌여야 했던 어머니가 있다. 에이미는 방과후에 밖에서 놀거나 텔레비전 보는 걸 좋아했다. 이따금씩 에이미의 어머니는 에이미에게 학교에서 돌아오자마자 숙제부터 하라고 하곤 했다. 에이미는 싫다고 칭얼댔고 그럴 때면 가끔 어머니가 양보해서 나중에 숙제를 하도록 하는 경우가 있었다. 이 마음씨 좋은 어머니는 '때로는 아이하고 말다툼하는 것이 너무 힘들어서' 그렇게 했다는 거였다.

다툼은 더욱 심해져서 거의 매일 벌어지다시피 했다. 어머니가 언제 양보를 할지 모르므로 에이미는 오늘은 어떨지를 실험해보고 싶었던 것이다.

이런 다툼은 에이미의 어머니가 자신의 생각을 정확하게 에이미에게 알리기 시작하면서 해소되었다.

어머니는 에이미가 숙제를 마쳐야지만 나가서 놀 수 있다는 것을 확실히 했다. 물론 에이미는 처음 며칠 동안은 계속해서 어머니의 결심을 실험해보려고 했다. 그러나 어머니는 자신의 말을 계속 고수했다. 그렇게 일주일이 지나자 에이미는 어머니가 양보를 하지 않는다는 것을 깨닫게 되었고, 어머니의 의지를 실험하는 행동을 그만두게 되었다.

이 문제는 어머니가 자신의 생각을 분명히 밝힌 다음 그것을 일관성 있게 관철함으로써 해결될 수 있었다.

부모들이 일관성 있게 자신이 한 말을 지키는 경우, 아이들에게 유익한 구조가 형성된다. 이 일관성이 형성하는 구조는 아이들에게 안정감과 예측 가능함, 자기 제어라는 느낌을 제공한다. 아이들은 자신의 행동을 통해 그 한계를 실험함으로써 부모들의 영역을 확인하지 않아도 되는 것이다. 아이들은 친숙한 보상 체계 안에서 편안하게 행동하면 되고, 또한 이 속에서 약속을 지키고 신념을 관철하는 것이 얼마나 중요한 것인지를 배울 수 있다.

일상사에서의 일관성

일관성을 가지고 아이들을 대하면, 보통 자주 문제가 되는 영역인 아침 저녁의 일상사 버릇 들이기에도 도움이 된다.

부모들은 거의 똑같이 이야기한다. 아이를 깨워서 등교 준비를 시키거나 밤에 잠자리에 들게 하는 것은 부모와 아이들 모두에게 스트레스를 준다고 말이다.

당연한 말처럼 들릴지 모르겠으나, 매일 아침이나 저녁, 똑같은 시간에 똑같은 일을 하게 하면 아이들에게 옷을 입히고 먹이고 샤워를 시키기 위해 야단치거나 달래면서 받는 스트레스를 줄일 수 있다. 그렇게 하면서 생기는 일상적인 일들에 대한 예측 가능성이 부모와 자식간의 힘 겨루기를 막아 주는 것이다.

나도 시행착오를 거쳐 이러한 사실을 배웠기 때문에 지금은 즐겁게 말할 수 있는 것이다. 린지와 나 사이에는 아침이나 잠자리에서 일상적인 일 때문에 실랑이를 벌이는 일이 거의 없다. 이것은 린지와 내가 여러 해에 걸쳐 확립해놓은 일상적인 규칙 때문에 가능해진 일이다.

매일 아침 나는 린지를 깨운 다음 샤워를 하게 한다. 내가 샤워를 하는 동안에 린지는 옷을 입고 잠자리 정리를 하고 개에게 밥을 준다. 그런 다음 나는 아침을 준비하고 린지와 함께 앉아서 식사를 한 다음 린지를 학교로 데려간다.

마찬가지로, 저녁시간에도 항상 정해진 대로 일을 한다. 내가 저녁을 준비하는 동안 린지는 숙제를 한다. 그런 다음 함께 저녁을 먹으면서 그날 일어났던 일들에 대해 이야기를 나눈다. 내가 설거지를 하는 동안 린지는 숙제를 끝마치고 2층으로 올라가 샤워를 하고 이를 닦은 다음 잠옷으로 갈아입는다. 그러면 나는 린지가 해놓은 숙제를 봐주고 린지와 책을 읽거나 게임을 하거나 이런저런 이야기를 하는 시간을 갖는다.

이런 일은 아이가 없는 사람에게는 지루해보일 수도 있다. 하지만 자식이 있는 부모에게 매번 자잘한 일로 아이들과 씨름을 하지 않아도 된다는 것은 분명 만세를 부를 만한 일일 것이다.

나와 린지는 서로 해야 할 일이 확실하게 정해져 있었기 때문에 말씨름을 할 필요가 없었다.

아이들에게 해야 할 일의 규칙을 확실하게 잡아주기 위해서는 의식적인 노력이 필요하다.

아이들과 무릎을 맞대고 앉아 그런 규칙을 정해보자. 긍정적이고 적극적인 마음으로 그런 규칙을 정함으로써 얻게 되는 장점들을 열거해보자. 그리고 아이들과 그렇게 규칙을 정한 바로 그 다음날부터 규칙대로 지켜나가라!

물론 예기치 않은 일이 일어나는 법이므로 매일매일 항상 규칙을 엄격히 고수한다는 것은 불가능하다. 그러나 자녀들에게 안정감을 주기 위해서는 가능한 한 규칙을 고수하는 것이 중요하다.

만약에 불가피하게 정해진 대로 따를 수 없는 경우가 생기면 가능한 한 아이들에게 그런 사정을 미리 알려야 한다. 미리 알려줌으로써 아이들이 그 변화된 상황을 이해하고 대처하는 데 도움을 줄 수 있다.

예를 들어 약속 때문에 직장에 일찍 나가야 할 경우, 그 전날 밤 아이들과 무릎을 맞대고 그 이야기를 해보라. 아침 6시 30분이 아니라 6시에 일어나야 한다고 말해보라. 평소보다 빨리 일어나서 아침 일을 마치도록 너희들이 돕는다면 큰 도움이 될 것이며, 또 고마울 것이라고 말하라. 그리고 그 다음날에는 아이들의 협조에 고마워하는 것을 잊지 마라.

이는 다음에 또 일어날 수 있는 불가피한 예외 상황에 미리 대비하는 건강한 씨앗을 아이들의 마음에 심어주는 것이다.

처벌에서의 일관성

일관성이 절대적으로 요구되는 또 다른 분야가 처벌이다.

부모들 대부분이 아이들이 잘못 행동할 경우 화를 내며 즉시 처벌을 내리려 한다. 그때 부모들은 화가 난 나머지 아이들이 이행하기 어려운 처벌을 가하는 경우가 종종 있다.

어떤 아버지는 아들이 학교에서 말썽을 부릴 때마다 화가 나서 한 달간 외출금지라는 벌을 내리곤 했다. 비록 그런 처벌을 내릴 때는 틀림없이 지키도록 만들겠다는 결심을 했겠지만, 실제로는 이행하기가 어렵거나 불가능한 일이다.

결국은 한 달이라는 기간 동안 수없이 많은 '예외를 인정'하는 일이 벌어지게 되고, 그 처벌 자체가 무의미해지는 것이다.

아이들을 가르치기 위해서는 이렇게 이행하기 불가능한 처벌을 내리는 것보다 좀 짧더라도 일관성 있게 지킬 수 있는 처벌을 가하는 것이 훨씬 현명하다.

그리고 무엇보다 부모 양쪽이 모두 규칙과 처벌에 합의하고 일관성 있게 그것을 지키게 하는 것이 중요하다는 사실을 반드시 알아야 한다.

종종 영악한 아이들은 양친을 이간질하여 '갈라' 놓으려 하는 경우가 있다. 부모들은 아이들이 안 보는 곳에서 서로의 이견을 조정하여, 불편한 감정 없이 서로간에 합의된 대로 아이들을 대할 필요가 있다.

위에서 말한 바로 그런 문제 때문에 상담을 받으러 오는 부모들이 많다.

톰과 신디 부부는 여러 해 동안 아이들 교육 문제로 마찰을 빚었다. 큰아이를 키우는 문제로 서로에게 화를 내거나 논쟁을 벌이는 일이 잦았지만 그럭저럭 넘겨오고 있었다. 그러나 결국 조숙한 다섯 살짜리 둘째 아들 문제로 도움을 청하게 된 것이다.

톰은 매우 엄격한 가정에서 성장하면서 자주 체벌을 받곤 했었다. 톰은 아이들은 그렇게 키워야 한다고 굳게 믿고 있었고, 아내가 아이들을 너무 오냐오냐한다고 생각했다.

반면에 신디는 아이들에게 체벌을 해서는 안된다고 생각하고 있었고 남편이 너무 지나치게 엄격하고 느끼고 있었다.

톰은 첫아이와 다르게 다섯 살배기 둘째 아들에게는 체벌이 효과적이지 않다는 것을 인정할 수밖에 없었다. 사실 그 꼬마 녀석은 체벌을 받으면 더 반항적이 되는 것 같았다.

여기에서 다시 한 번 기억해야 할 것이 아이들은 관심을 원한다는 것이다. 심지어는 그 관심이 체벌 같은 부정적인 관심이 되더라도 아이들은 무관심보다는 관심을 원한다.

톰은 논리적인 사람이었지만 자신이 성장한 방식을 버리기를 썩 내켜하지 않았다. 그렇지만 새로운 시도를 해보는 것에는 관심을 보였다.

나는 그들 부부에게 한 달 동안 이 책에 설명된 방법대로 해 볼 것을 제안했다. 그들 부부는 의식적으로 아이가 올바른 행동을 하는 순간을 포착해서 칭찬을 하기로 했다. 벌을 내려야 할 때는 먼저 한 번 경고를 한 다음, 그 다음에는 텔레비전을 못 보게 한다든지 비디오 게임 시간을 줄이는 벌을 내리도록 했다.

그렇게 한 달이 지났을 때 톰은 그 새로운 방식이 제대로 먹혀들어간다는 것을 인정했다. 아들의 행동이 개선되었을 뿐 아니라 아이가 더 귀여워졌고 아내와 아이 문제로 말다툼을 하지 않아도 되었다. ― 물론 나는 신디에게도 톰이 새로운 방식을 적용할 때마다 칭찬을 해주라고 몰래 얘기해두었다.

만약에 배우자와 아이를 기르는 방식에 대한 의견이 서로 다를 경우, '한 번 실험 삼아' 새로운 방식을 적용해보자고 제안을 해보자. 배우자가 본인의 방식을 버리려 하지 않는 까닭은 만약 그럴 경우 자신이 옳지 않다는 것을 인정하는 것이라고 느끼기 때문이라는 것을 명심해야 한다.

이런 실랑이를 미연에 방지하기 위해서는 자녀 양육에 관련 된 서적을 함께 읽어볼 것을 권장하고 싶다. 그 외에 함께 관련 교육 과정을 이수하거나, 더 나아가 가정문제 전문가에게 상담을 받아볼 수도 있을 것이다. 새로운 이론을 배우고 적용하는 데는 이처럼 가정 밖에서의 재료를 활용하는 것이 훨씬 쉬울 때가 많다.

부모가 공통된 견해를 가지고 그것을 일관성 있게 적용한다는 것은 대단히 중요하다. 왜냐하면 아이들이 부모들의 방침이 항상 변함 없이 일관성 있게 적용된다는 것을 확신하게 되면 이번 주에는 부모들이 어떻게 반응할까, 그 한계를 실험하려고 하지 않을 것이기 때문이다.

또한 처벌이 이행가능한 것이고 일관성 있게 적용되는 것이라면 아이들이 잘못된 행동을 하고도 '벌을 받지 않으려고 잔꾀를 부리는' 경우가 적어질 것이다.

안정감을 형성하는 일관성

일관성은 아이들의 안정감 형성을 돕는 데 중요한 역할을 한다. 이것은 단지 처벌의 영역에만 국한되는 것이 아니다.

부모가 아이에게 학교에서의 일과를 항상 일관성 있게 물어 봐 주는 것이 아이들에게 얼마나 중요한지는 아무리 강조해도 지나치지 않다. 빠지지 않고 운동경기나 학교 행사에 부모가 함께 가주는 것은 아이들이 부모의 눈 속에서 자신에 대한 커다란 사랑을 발견할 수 있게 해준다.

그렇게 부모들이 무조건의 사랑을 자기에게 베풀어준다는 것을 느끼는 아이들은 모든 일에서 자신감을 갖게 되며 불필요한 두려움이나 불안감을 줄일 수 있게 된다.

이처럼 확실한 장점에도 불구하고, 일관성을 갖는다는 것은 아이를 기르는 데 있어서 가장 실천하기 어려운 일 중 하나이다. 요즘처럼 바쁜 생활 속에서, 확고하고 예측 가능한 태도를 견지한다는 것은 어려운 과제일 수밖에 없다.

또한 우리 모두 감정에 기복이 있다는 것은 인간으로서 이해할 만한 일이다.

예정되어 있던 승진을 못 했다거나 갑자기 차가 고장 나 화가 났을 때, 차분하게 아이에게 경고를 하거나 벌을 내린다는 것은 쉽지 않을 수도 있다.

여기서 내가 제안할 수 있는 것은 진정으로 성실하게 그런 방향으로 노력을 하라는 것이다.

이따금씩 흔들리더라도 너무 스스로를 자책하지 마라. 결국, 인간이란 실수를 하는 존재인 것이다. 그것이 인생의 정상적이고 자연스런 측면이다. 그 내용에 관해서는 이 책의 다섯 번째 실수를 참조하기 바란다.

만약 일관성을 갖고자 최선을 다한다면, 머지않아 그 노력 이상의 반대 급부를 얻게 될 것이다.

소중한 우리 아이를 더욱 소중하고 책임감 있는 사람으로 키우고 싶다면 먼저 부모 스스로 자신을 돌아보고 자신의 결점을 인정하고 그것을 고치는 노력을 해야 할 것이다.

아이는 부모의 분풀이 대상이 아니며 절대 그렇게 되어서도 안된다.

내 아이를 어떤 아이로 키우고 싶다는 확고한 신념을 가지고 일관성 있게 아이를 대하는 것만이 성인이 되어서도 주변 사람들에게 사랑받는 사람으로 만들어주는 바탕이 될 것이다.

최근에는 아이들의 의견이 강해지면서 부모들이 아이들에게 휘둘리는 경우를 종종 발견하곤 한다. 이러한 경우도 어려서부터 부모가 일관성을 가지고 아이를 제대로 교육한다면 뒤늦게 후회하는 일은 발생하지 않을 것이다.

체크포인트

갈팡질팡하기

- 일관성의 문제는 엄격할 것인가 관대할 것인가의 문제보다 훨씬 중요하다.
- 정해진 것은 항상 그대로 지켜라.
- 먼저 한 번 경고를 한 다음 적절한 처벌을 내리고 그것을 이행하게 하라.
- 일관성 있는 규칙 적용은 어린이들에게 안정감, 예측 가능성, 자기 통제와 같은 감정 구조를 갖게 해 준다.
- 아침저녁의 일과는 규칙적으로 하도록 하라.
- 간단하고 실행 가능한 벌을 주라.
- 화가 나 있을 때는 아이에게 벌을 내리지 마라.
- 부모가 서로간에 합의한 방식으로 아이들을 교육시켜라.

네번째 실수
열린 대화에 빗장 지르기

권위적인 부모
설교형 부모
꾸짖는 부모
'그래그래'형 부모
경청하는 방법
반영하는 경청법
열린 대화와 닫힌 대화
비언어적 대화

 아이들을 키울 때 무엇보다 중요한 것은 아이들과 대화를 나누는 것이다. 아이들은 자기의 감정에 대해 부모들과 대화를 나눌 수 있다고 생각하면 스스로의 가치와 자신감을 강하게 느끼게 된다. 아이들에게 스스로의 가치를 알고, 문제 해결 능력을 키우고, 타인들과 더불어 사는 방법을 배우게 하는 데는 대화가 가장 효과적이다.

 또한 대화는 아이들이 자랄수록 부모들이 아이들을 직접적으로 통제할 수 있는 부분이 점차 적어진다는 점에서도 매우 중요하다. 아이들이 접하는 환경에 대해 부모들은 점점 더 직접적인 영향을 행사할 수 있는 능력을 상실하게 되므로 솔직하게 나누는 열린 대화는 부모들의 가장 효과적인, 때로는 유일한 교육 수단이 되는 것이다.

 만약 십대 자녀가 부모에게 교우 관계, 술·담배, 성에 대해 의논할 수 있다면 그 아이는 이 거친 세상을 좀더 잘 헤쳐

나갈 수 있을 것이다. 효과적으로 대화를 할 수 있는 능력이 부족한 부모는 아이들과의 끝없는 줄다리기에서 벗어나지 못하거나 그냥 뒷전에서 팔짱을 낀 채 '그저 저절로 잘 되기'를 바라는 신세가 되기 쉬울 것이다.

자녀들과의 대화는 열린 대화와 닫힌 대화, 둘 중 하나이다. 부모들은 자주 자기도 모르는 사이에 자녀들과의 대화 창구를 닫아버리곤 한다. 때때로 부모들은 자녀들이 부모가 처리해 주기를 바라는 곤란한 감정상의 문제에 대면하는 것을 불편해 한다. 또 다른 경우로 자녀들이 원하지 않는 충고를 해야만 할 때도 있다. 그런 과정을 겪으면 자녀들은 자기들이 무시당하고 있다는 느낌을 받게 되고 더 이상 부모들과 자신의 문제를 상의하려 하지 않게 된다.

자녀들과 효과적으로 열린 대화를 나누기 위해서는 부모들이 진심어린 관심을 가지고 자신들이 하는 말을 경청한다고 생각하도록 해야 한다. 부모와 이야기를 하려고 해봐야 지루한 연설이나 또는 미리 잘 준비된 꾸지람만 듣게 될 것이라고 생각하게 되면 자녀들은 대화하려는 시도를 그만둬 버리려 할 것이다.

자녀와의 대화를 단절시키는 방법은 다음 중 한 가지 방식을 택해서 자녀들에게 대꾸하는 것이다.

권위적인 부모

 이 대화 방식을 택한 부모들은 아이들을 통제하는 데 무척 신경을 쓰는 부류이다.

 감정 표출이란 '점잖지 못한' 것이라고 생각하므로 이런 유형의 부모는 자녀들에게 '몸가짐을 제대로 하고 올바로 행동하도록' 명령한다.

 이 권위적인 부모들은 명령과 요구, 위협을 하면서 스스로의 판단으로 불필요하거나 바람직하지 못하다고 생각하는 감정은 가지지 말라고 자녀들에게 쉽게 말해버린다.

 이런 부모들은 다음과 같은 표현을 사용할 것이다.

"됐다. 울 필요 없어."
"그렇게 느낄 필요 없어."
"감히 내게 말대답을 하려 들지 마!"

 권위적인 부모는 종종 자녀들의 말을 중간에서 끊고 자기의 주장을 강요한다.

> **엄마** : 자, 꼬마 아가씨. 이리 와서 엄마 설거지 좀 도와주렴!
> **딸** : 하지만 엄마, 지금 수학 문제 푸는 중이에요. 나

중에 하면 안돼요?

엄마 : 네가 뭘 하는지는 모르겠지만, 당장 이리 와서 엄마를 돕지 못하겠니?

이런 대화 방식에서 우리는 부모들이 자녀가 어떻게 느끼고 무엇을 생각하며, 무엇을 하고 있는지 별로 중요하게 생각하지 않는다는 것을 알 수 있다.

이런 대화는 더 크고, 강하고, 똑똑한 부모가 자신의 일이 아이들의 일보다 훨씬 중요하다는 생각을 바닥에 깔고 있기 때문에 생겨난다. 이 방식은 자녀들의 욕구의 중요성을 과소평가하면서, 아이들이 뭐라고 하든지 부모들은 별로 관심이 없다는 인상을 심어주게 된다.

설교형 부모

설교형 부모의 자녀들은 대화를 할 때 종종 심리적인 방어기제가 작동하면서 눈빛이 흐려지거나 시선이 다른 데로 향하는 경우를 보이게 된다.

이런 유형의 부모는 대화를 시작하자마자 곧바로 설교로 들어감으로써 대화를 단절시키는 경향이 있다. 이런 타입의 부모들이 가장 좋아하는 단어가 '그러면 안돼'이다.

그들은 그저 자녀들이 바람직한 정서를 유지하는가 아닌가에만 관심을 쏟고 있을 뿐이다.
설교형 부모들이 자주 입에 올리는 말은 이런 것들이다.

"그렇게 불만을 가져서는 안돼. 선생님이 말씀하시는 건 다 네게 좋은 거야."
"그런 식으로 생각해서는 안돼. 내가 그렇게 하려고 한 게 아니라는 걸 너도 알잖니."
"그렇게 따분해하면 안돼. 얼마나 멋진 날이니!"

이런 유형도 역시 부모와 자녀간의 대화를 막아버린다. 본질적으로 이런 유형의 대화는 자녀들이 어떻게 해야 하고 느껴야 하는지 부모들이 일방적으로 주입하는 것이기 때문이다.

아들 : 엄마, 토니에게 전화해서 우리 집으로 놀러오라고 했는데 걔가 또 바쁘대요. 벌써 세 번째예요. 토니가 이젠 나를 좋아하지 않는 것 같아요.
엄마 : 음, 이젠 토니에게 더 이상 전화하지 마라. 걔는 네가 사귈 만한 친구가 못 된다고 말했잖니. 저 아래 사는 프랭크를 부르도록 하렴. 걔가 네가 사귀어야 할 아이야.
아들 : 아휴, 엄마…….

위의 예에 나오는 아들처럼, 자기의 행동과 감정을 타인에게서 일방적으로 지시받는 것을 좋아할 사람은 어디에도 없다. 항상 설교당하는 것을 좋아하는 사람도 물론 없을 것이다.

꾸짖는 부모

이 유형의 부모는 자녀에게 부모가 얼마나 우월한 존재인가를 알려주는 데에만 지대한 관심을 쏟는다. 자녀들에게 부모란 나이도 많고 더 현명하며 항상 옳은 존재라는 것을 알려주고 싶어한다.

다음과 같이 말하기를 좋아하는 타입이다.

"내가 뭐라고 말했니? 이럴 줄 알았다."
"내 얘기를 듣기만 했으면······."
"내 말 알겠니?"

때때로 이런 부모는 자기의 말을 이해시키기 위해 비꼬거나 욕설을 내뱉기도 하고, 윽박지르기도 한다.

이와 같은 파괴적인 방법은 부모를 우월하게 보이게 할지는 모르지만 자녀들을 왜소하게 만들기도 하는 것이다.

다음과 같은 예를 보도록 하자.

"이렇게 멍청할 수도 있는 거구나."
"이번에는 도대체 무엇을 하신 겁니까?"
"바보짓 좀 그만해. 그건 안된다니까."

당연히 자녀들은 이런 유형의 부모와는 상의하는 것을 점차 꺼리게 된다. 무엇을 하든 부모가 흡족해하지 않는다는 것을 배우게 되는 것이다.

아들 : 아빠, 이것 좀 보세요. 이번 과학경진대회에 출품하려고 제가 만든 작품이에요. 태양열 증기기관인데요, 태양 램프가 오일 깡통을 데우면 안에서 물이 끓으면서…….
아빠 : 얘야, 도대체 너는……. 이 장치는 절대 작동이 안돼. 자, 여기를 봐라. 램프와 깡통 사이를 너무 떨어뜨려 놓았잖니. 이러면 증기를 발생시킬 만큼 물이 뜨거워질 수가 없어. 넌 도대체 무슨 생각을 하면서 일을 하는지 모르겠구나.

위의 예에서 나오는 아버지는 그 장치를 고안한 아들의 창의성을 완전히 무시하고 있다.

아들의 노력을 칭찬하고 개선 방안에 대해 대화를 나누는 대신 이 아버지는 아들이 완벽하게 일을 하지 못한 것을 부끄러워하도록 만들고만 있다.

'그래그래' 형 부모

 이 유형의 부모는 정확한 이유를 몰라도 그때그때 맞장구만 잘 쳐주면 모든 일이 해결되는 것으로 생각하고 있다. 어쩌면 아이들의 문제에 깊숙이 관여하기가 두렵거나 다른 일들에 너무 얽매여 있는 건지도 모르겠다.
 이런 스타일은 어린 아이들이나 십대 자녀들에게 부모들은 자기가 하는 말을 귀담아듣지 않는다든가, 아니면 관심이 없어서 이해를 못 한다는 인상을 갖게 만든다.
 이런 '그래그래' 형 부모들이 흔히 잘하는 말은 이렇다.

"큰일도 아닌데 그냥 털어버리렴."
"내일이 되면 모든 게 좋아질 거다."
"한 번은 겪어야 할 과정이야. 염려하지 마라. 곧 아무렇지 않게 지나갈 거다."

 딸 : 아빠, 더 이상 농구를 하고 싶지 않아요.
 아빠 : 왜 그러니, 얘야? 농구 시즌도 거의 반이 지났잖니.
 딸 : 공을 잡을 때마다 거의 매번 놓치고, 자유투도 늘

실패해요.

아빠 : 그런 건 걱정하지 않아도 시간이 지나면 틀림없이 나아질 거다.

이런 대화는 표면상으로는 문제가 없는 것처럼 보인다. 하지만 실제 이 대화를 제대로 살펴보면 아빠는 딸의 근심을 무시하고 있다는 걸 알 수 있다.

이런 경우 모든 게 다 잘될 거라고 말하면서 딸의 마음을 편안하게 해주는 데만 급급하기보다는 딸의 근심과 걱정거리를 먼저 인정해주었더라면 훨씬 좋은 대화가 이루어졌을 것이다.

대부분의 부모들은 위에서 나온 유형 중 한두 가지의 모습을 보이곤 한다. 무죄인 부모는 아무도 없다.

그러나 이러한 유형들은 대화를 단절시키는 주범이라는 사실을 확실히 알고 있어야 한다.

경청하는 방법

자녀들과 열린 대화를 하기 위해서 부모들은 먼저 훌륭한 청취자가 되어야 한다. 훌륭한 청취자가 된다는 것은 수동적인 활동이 아닌 대단히 능동적인 활동이다. 이상하게 들릴지도 모르지만, 잘 듣기 위해서는 어느 정도 집중적인 노력이 필요하다.

먼저 첫 번째 단계는 부모들이 경청할 준비가 되어 있다는 사실을 자녀들에게 확실하게 알리는 것이다.

상담을 하기 시작한 마이클은 부모와의 관계에서 느꼈던 좌절감으로 어려움을 겪고 있었다. 열다섯 살이 되었을 때 그는 독립적인 삶을 배워가고 있었지만 그래도 여전히 부모의 지도와 격려가 가끔씩 필요하다고 느꼈다.

첫 번째 상담 시간에 마이클은 자기가 느꼈던 문제점을 설명하기 시작했다.

"제 부모님들은 전혀 문제가 없다고 생각해요. 두 분은 항상 옳은 말만 하고 있다고 생각하시지요. 문제가 생기면 언제든지 와서 말을 하라고 하셨지만, 문제는 두 분이 진심으로 그러는 것 같지가 않다는 거예요. 아버지는 건성으로 듣는 척만 하실 뿐이에요. 정말 진지하게 이야기를 들으려 하지 않는다는 것을 알 수 있어요. 금세 자기 컴퓨터로 돌아가버리시거든요. 엄마도 자기와 상의하자고 말은 하시는데 실제로는 언제나 설교뿐이에요."

마이클의 부모는 자신들이 아이의 대화 상대가 되어주고 있다고 생각했지만, 마이클이 느끼는 것은 그렇게 간단한 것이 아니었다. 말로는 기꺼이 마이클과 대화를 하겠노라고 했지만, 실제 행동은 마이클에게 그렇지 않다는 의미를 전달하고 있었다.

나는 린지가 겨우 세 살이었을 때 그와 비슷한 교훈을 얻은 적이 있다.

긴 하루의 일과를 마치면 나는 집으로 돌아와 텔레비전 뉴스를 보려고 애썼다. 나는 가족들과 함께 저녁 시간을 갖기 전, 일에서의 긴장을 털어버리기 위해 그 30분이 정말 필요했던 것이다.

그러나 린지의 생각은 달랐다. 내가 집에 돌아오자마자 나와 함께 이야기하고 놀고 싶었던 것이다.

린지의 관점에서 보면, 나는 하루 종일 바깥에 나가 있었으니 이제는 자기와 함께 놀아야 할 시간인 셈이었다. 내가 나중에 놀자고 할수록 린지는 더 보채고 칭얼댔다.

결국 뉴스를 보는 것도 아니고 그렇다고 딸과 놀아주는 것도 아닌 상황이 되어버린 것을 곧 깨달을 수 있었다. 나는 점점 린지를 냉담하게 대했고 그렇다고 뉴스를 재미있게 보는 것도 아니었다.

그 시점에서 나는 전략을 바꾸어야 한다는 것을 깨달았다.

텔레비전을 보면서 건성으로 린지의 말을 들어주는 대신, 뉴스를 포기하고 적극적으로 린지의 말을 들어주고 함께 놀아주기로 했다. 그 후 내가 집으로 돌아오면 몇 분 동안 집안은 언제나 린지의 웃음소리로 바쁘고 떠들썩해졌다.

나는 린지의 눈빛이 반짝거리는 것을 보면서 어린 여자아이의 천진한 웃음소리를 만끽할 수 있었다. 내가 행복해할수록 린지는 더 행복해했다. 그리고 밤 10시에도 쉬지 않고 방송되는 게 뉴스니까!

자녀들의 생활에 있어서 수동적인 청취자 역할에서 벗어나 능동적인 존재가 되겠다고 결정을 할 경우, 보살핌이 필요한 시기에 자녀들이 받게 되는 영향은 엄청나게 다르다.

린지는 항상 주저 없이 나에게 학교에서의 일, 도움이 필요한 문제, 심지어 첫 남자친구에 대한 문제까지 상의를 해왔다. 린지가 십대에서 점점 성장하고 있는 지금, 나는 린지가 지금처럼 언제나 아빠와 함께 자기의 기쁜 일이나 슬픈 일을 편안하게 나누려는 마음을 계속 유지하기를 바란다.

부모들은 매일 일상사에서 느끼는 스트레스와 중압감 때문에 아이들에게 소홀해지거나 아이들의 말을 건성으로 듣기가 쉽다. 비록 그 순간 자녀에게 충분한 관심을 기울이기가 힘들더라도, 잠깐만 시간을 투자하면 일단 올바른 대응은 가능한 법이다.

"엄마가 지금은 좀 바쁜데, 15분 후에 얘기할 수 있을까?"라고 말하는 것이 건성으로 흘려듣는 것보다 훨씬 낫다. 적어도 자녀들이 어머니나 아버지가 자기가 하는 말에 신경을 쓰고 있으며 나중에 시간을 내서 들어주려 한다는 것을 알게 될 테니까 말이다.

만약 자녀가 그 시간 동안 기다려준다면, 반드시 기다린 것을 칭찬해야 한다. 당신이 배우자나 친구에게서 받고 싶은 것과 똑같이 자녀를 존중해주어야 한다.

반영하는 경청법

 일단 부모가 자기의 말을 들어줄 준비가 되어 있다는 것을 알게 되면, 자녀는 대화에 보다 적극적인 자세를 취하게 된다.
 그러면 다음 단계가 필요하다.
 반영하는 경청이 그것이다.
 반영하는 경청을 하려면 대화에는 두 가지 측면이 있다는 사실을 알아야 한다. 즉, 대화에는 내용적인 측면과 정서적인 측면이 있다는 것이다. 어떤 대화에서든 내용의 측면은 대화의 대상인 실제적인 문제를 의미한다. 정서적 측면은 그 내용과 관련된 밑에 깔린 감정의 요소를 말한다.
 자신의 감정을 파악하고 설명하는 데 어려움을 느끼기 마련인 어린 아이와 대화하는 경우 특히 이 정서적인 측면을 파악하는 것이 중요한 대화의 기술인 것이다. 이 정서적인 측면을 파악한 다음이라야 비로소 부모는 자녀에게 그들의 말을 부모가 열심히 들어주고 있다는 인상을 받게 할 수 있다.
 부모들이 자신의 말을 들어주고 이해해주고 있다는 기분을 느낄 때 자녀들은 인정을 받는 느낌을 가지며 계속 대화를 해나가려고 한다. 사려 깊은 경청을 통해 열린 대화가 유지되고 발전되는 것이다.

사려 깊은 경청의 특별한 점은 자녀들이 말하고자 하는 의미의 정서적 측면을 이해하고 그것을 반영하여 반응해준다는 것이다.

대화의 내용적 측면만이 오갈 때 대화가 어떻게 멈춰버리는지를 살펴보자.

・・・・・・・・・・

진 : 겨우 하루밖에 안 늦었는데 선생님이 숙제를 받지 않으시겠대요.

엄마 : 그것 봐라. 그렇게 오랫동안 전화 통화를 하지 않았으면 제 시간에 숙제를 제출할 수 있었을 거 아니니?

진 : ……

・・・・・

샘 : 엄마, 조니가 요즘은 새 친구하고만 놀아요. 이제 난 혼자 놀아야 해요.

엄마 : 걱정 마라. 다른 친구도 많잖니.

샘 : 네, 엄마…….

・・・・・・・・・・

단순히 내용적인 측면만이 강조될 때 아이들이 더 이상 부모들과 대화를 계속하고 싶어하지 않는다는 사실을 쉽게 알 수 있다. 실제로 아이들은 자신들이 전하고 싶은 내용을 부모들이 이해하지 못한다는 것을 금세 알아차린다.

　부모가 대화의 저변에 깔린 정서적인 측면을 잡아내지 못하면 대화는 차갑게 식어버리게 된다. 위의 예에서 진은 자기가 느끼고 있는 것을 말할 기회를 얻지 못하고 있다. 샘은 엄마로부터 자신이 잘못 생각하고 있다는 암시를 받고 있다.

　자, 이제 부모들이 내용의 측면뿐만 아니라 정서적 측면에까지 반응하려는 노력을 할 경우 부모와 자녀간의 대화가 얼마나 극적으로 바뀔 수 있는지 살펴보자.

　　· · · · · · ·

　진　　： 겨우 하루밖에 안 늦었는데 선생님이 숙제를 받지 않으시겠대요.
　엄마 ： 저런, 속상했겠구나.
　진　　： 네, 그래요. 그렇지만 당황스러운 게 더 컸어요. 선생님이 너무 커다랗게 말을 해서 반 애들이 모두 들었으니까요.
　엄마 ： 저런, 정말로 많이 당황했겠구나.

　　· · · · · · ·

　샘　　： 엄마, 조니가 요즘은 새 친구하고만 놀아요. 이제 난 혼자 놀아야 해요.
　엄마 ： 많이 속상하겠구나.
　샘　　： 정말 그래요.

　　· · · · · · ·

두 경우 모두 부모들은 자녀의 정서적 측면을 파악하고 그것을 적절하게 반영하여 반응하고 있다. 그리고 단정적인 말이 아니라 함축적인 어휘로 반응해줌으로써 진에게 자기의 감정상태를 보다 정확히 파악하여 다시 표현할 수 있는 기회를 주고 있다. 두 경우 모두 보다 개방적이고 효과적인 대화를 이끌어나가고 있다.

자녀가 분노를 나타낼 때는 관심을 기울여주는 것이 무엇보다 중요하다. 분노란 그 아래 다른 감정을 감싸고 있는 일종의 '우산 감정'이다. 아이들이 화를 낼 때 실제로는 다른 여러 가지 감정 중 한 가지를 함께 느끼고 있을 것이기 때문이다.

예를 들면, 열일곱 살인 셰인은 방금 전에 이제 더 이상 데이트를 하지 않겠노라고 절교 선언을 하는 여자친구의 전화를 받았다. 더 멋진 상대를 찾았다는 전화였다. 전화를 끊고 난 셰인은 수화기를 집어던졌다. 거친 욕설들을 내뱉은 다음 의자를 발로 차고 소파에 털썩 주저앉아 벽 저쪽으로 쿠션을 집어던졌다. 셰인은 화가 난 것 같다. 맞는가?

표면상으로 셰인은 정말 화가 난 것처럼 보인다. 그러나 실제로는 다른 감정을 느끼고 있다고 생각한다. 그가 느끼는 것은 거부당하고, 배신당하고, 두렵고, 외로운 이런 여러 감정들이 복합된 것이기 쉽다. 아직 자신이 느끼는 것이 무엇인지 정확히 파악하지 못했기 때문에 셰인은 가장 쉽고, 포괄적이고 또 접근하기 쉬운 감정인 분노를 선택한 것이다.

셰인이 막 소파에 앉아 쿠션을 집어던진 직후 셰인의 아버지가 방으로 들어왔다고 가정해보자. 만약 아버지가 셰인의 겉으로 드러난 분노에만 반응했다면 어떻게 되었을까?

· · · · · · · · · ·

아빠 : 어휴, 애야. 도대체 무슨 일이냐? 벽이라도 뚫어 버릴 것 같구나.

셰인 : 멍청한 샌디 때문이에요. 걔가 나를 찼어요. 나보다 학년이 위인 벤자민하고 데이트를 하겠다니 믿을 수가 없어요(또 다른 쿠션을 집어던진다).

아빠 : 애야, 화가 난 줄은 알겠지만 좀 가라앉혀라. 다른 여자친구를 사귀면 되지 않니? 결국 걔 손해지, 그렇지 않니?

셰인 : 아빠는 이해를 못 해요!

· · · · · · · · · ·

걱정스런 아빠가 아들의 겉으로 드러난 분노 뒤의 감정을 살피지 못했기 때문에 아들은 아버지가 자기를 이해하지 못한다고 느끼고 있다. 결과적으로 아들은 화가 나서 방을 뛰쳐나가게 되고 뒤에 남은 아버지는 당혹감을 느끼게 될 것이다.

다음 예는 만약에 아버지가 아들의 분노 뒤에 숨은 감정을 세심하게 파악했을 경우 달라지는 상황을 보여준다.

아빠 : 어휴, 애야. 도대체 무슨 일이냐? 벽이라도 뚫어 버릴 것 같구나.

셰인 : 멍청한 샌디 때문이에요. 걔가 나를 찼어요. 나보다 학년이 위인 벤자민하고 데이트를 하겠다니 믿을 수가 없어요(또 다른 쿠션을 집어던진다).

아빠 : (아들 옆에 앉으며) 그래, 차인 기분이 어떤지 아빠도 안다. 뭘 잘못한 건지 알 수가 없는 그런 거지?

셰인 : 네, 그런 거 같아요. 걔가 그럴 줄은 생각도 못했어요.

아빠 : 여자애들이 절교를 선언할 때마다 아빠는 벽이라도 차고 싶은 기분이었단다. 그렇지만 가만히 마음을 가라앉히고 가슴 아픈 그대로를 받아들였단다.

셰인 : 정말 가슴이 아파요.

아빠 : (셰인의 어깨를 감싸안으며) 어떤지 알겠다, 애야. 어떤 기분인지.

이 두 번째 예에서 아버지는 겉으로 드러난 분노의 감정 속을 들여다보려는 노력을 집중적으로 하고 있다. 아들의 감정을 별것 아닌 것으로 치부하려고 하지도 않았고, 또 섣불리 아들에게 툭툭 털어버리라고 격려를 하려고 하지도 않았다. 대신에 아들이 느끼고 있는 감정을 파악하여 대화에 반영하려 했을 뿐이다. 셰인은 앞으로도 어려움을 느낄 때면 아버지와 대화를 하려고 할 것이다.

대부분의 경우, 정서적 측면과 내용적 측면 모두를 반영할 필요가 있다. 두 가지 측면을 모두 거론함으로써 부모는 자신이 경청하고 있음을 알릴 수 있다. 또한 말하는 자녀에게도 자신이 내비치는 감정이나 내용을 다시 바꿔볼 수 있는 기회를 줄 수 있는 것이다. 다시 한 번 명심해야 할 것은 단정적이지 않은 어조로 말을 해야 한다는 것이다.

다음 예에 나오는 아버지는 아들이 내보이는 감정과 내용 두 가지 측면을 모두 훌륭하게 반영하는 모습을 보여주고 있다.

· · · · · · · · · ·

조시 : 아주 지루한 생일 파티였어요. 차라리 초대받지 않았더라면 하는 생각까지 들었어요. 아무도 나와 놀려고 하지 않았어요.
아빠 : 친구들이 껴주지 않아서 외톨이 같다고 느꼈겠구나?
조시 : 음, 껴주기는 했지만 잘 대해주지는 않았어요.
아빠 : 걔들이 못되게 굴어서 속이 상한 거구나?
조시 : 네.

· · · · · · · · · ·

정서적 측면과 내용적 측면 두 가지를 모두 거론함으로써 이 아버지는 조시에게 자신의 감정을 표출하고 또 실제로 일어났던 일을 확실히 되짚어볼 기회를 갖게 하였다. 정서적 측면과 내용적 측면 모두에 열린 대화의 통로를 만든 것이다.

반영하는 경청이라는 기술을 처음 시도할 때는 무척 어색하게 느껴질 것이다. 대부분의 부모들이 어떻게 반응을 할까 하는 틀을 짜기 위해 생각을 해보는 것에 익숙하지 못하다. 아무 생각 없이 바로 반응하는 것이 훨씬 쉽기 때문이다. 그러나 다른 새 기술을 배우는 것과 마찬가지로, 반영하는 경청법은 시간을 투자해 연습을 할수록 더욱 쉬워질 것이다.

열린 대화와 닫힌 대화

언제나 자녀의 말을 들어줄 준비가 되어 있고 또 실제로 열심히 들어줌으로써, 효과적이고 개방적인 대화에 반드시 필요한 요소인 신뢰와 안정감을 높이는 분위기를 창출할 수 있다.

부모 역할을 할 준비가 되어 있지 않거나 앞서 열거한 파괴적인 부모 역할에 빠져들어갈 경우 바라던 것과는 달리 역효과만 나게 된다.

그 경우 자녀는 자기 부모들을 언제나 곁에 다가가 진지한 대화를 할 수 있는 상대라고 생각하지 않게 된다.

여기 몇 가지 예가 있다. 그 예들이 부모와 자녀간에 열린, 혹은 닫힌 대화 중 어느 쪽에 속하는지를 판단해보라. 이번

장에서 언급된 잘못된 부모 역할 및 경청법에 근거를 두어 각 예를 판단해보자. 먼저 자신의 느낌을 적은 다음 이 책의 생각과 비교해보기를 권장한다.

열린 대화와 닫힌 대화의 다양한 사례

▶ 예 1

소냐 : 늦어서 미안해요, 아빠. 하지만 믿지 못할 일이 학교에서 벌어졌어요. 제니퍼가 7교시를 빼먹어서 일주일간 정학을 당했어요.

아빠 : 그것 보렴. 이제 제니퍼가 얼마나 나쁜 친구였는지를 알겠지. 걔는 그런 대접을 받아도 마땅해.

▶ 이 대화는 열린 대화인가, 닫힌 대화인가?

▶ 예 2

토드 : 엄마, 제이슨 좀 제 방에서 내쫓아주세요. 숙제를 하는 동안 방 안을 어지르고 나를 귀찮게 해요.

엄마 : 문을 닫아놓고 있지 그러니?

▶ 이 대화는 열린 대화인가, 닫힌 대화인가?

▶ 예 3

매트 : 왜 나만 일찍 자야 하는지 모르겠어요. 친구들은

전부 늦게까지 노는데…….

아빠 : 그래서 밤 11시 30분까지는 집에 돌아와야 하는 게 불공평하다는 거니?

▶ 이 대화는 열린 대화인가, 닫힌 대화인가?

▶ 예 4

마사 : 스탄이 주디에게 댄스 파티에 가자고 했다는 걸 믿을 수가 없어요. 난 스탄하고 벌써 세 번이나 같이 춤추러 갔었는데요.

엄마 : 걱정 마라, 얘. 다른 상대를 곧 구할 수 있을 거다.

▶ 이 대화는 열린 대화인가, 닫힌 대화인가?

▶ 예 5

데이먼 : 엄마, 정말 열심히 공부했지만 시험을 망쳤어요. 수학은 아무리 해도 안돼요. 난 정말 바보인가 봐요.

엄마 : 너무 실망해서 곧 포기할 것처럼 들리는구나.

데이먼 : 정말 그러고 싶어요. 그렇지만 낙제를 해서 재수강을 받고 싶지는 않아요. 과외 선생님을 구할 수 있을까요?

▶ 이 대화는 열린 대화인가, 닫힌 대화인가?

이 책의 생각

➡ 예 1의 경우

틀림없이 닫힌 대화이다. 여기서 부모는 꾸짖는 역할을 하고 있다. 아버지의 반응이 갖는 가치판단적 측면 때문에 소냐는 대화를 계속할 생각이 나지 않는다. 결국 앞으로도 소냐는 아버지와 대화하기를 주저할 것이다.

➡ 예 2의 경우

어머니가 선택한 설교자 역할 때문에 이 대화도 닫힌 것이 되었다. 이 대화 속의 어머니는 조건반사적인 무뚝뚝한 반응만 보일 뿐, 자기 아들이 화가 난 이유가 사생활을 침해당해서라는 사실을 놓치고 있다.

➡ 예 3의 경우

이 아버지의 반응은 확실하게 대화를 열어주고 있다. 아들이 느끼고 있는 부당하다는 느낌을 잘 반영하여, 이야기를 이어갈 수 있는 길을 열어주고 있다.

비록 집에 돌아오는 시간을 늦춰준 것은 아니지만 매트는 틀림없이 자기의 불평과 기분을 아버지가 듣고 인정해주었다는 느낌을 받을 것이다.

▶ 예 4의 경우

이 어머니의 반응은 전형적인 '그래그래' 형이다. 불행히도 이런 반응은 딸의 느낌을 무시하는 결과가 되어 더 이상의 대화를 시도하지 않게 된다.

▶ 예 5의 경우

이 엄마는 섣불리 조언을 해주거나 아들의 좌절감과 실망감을 쉽사리 어루만져주려고 하지 않는다. 그녀는 아들의 감정을 존중해주었을 뿐 아니라 스스로 해결책을 생각해볼 수 있는 기회를 준다. 아들은 앞으로도 문제가 생기면 편안하게 엄마와 상의를 하려 할 것이다.

비언어적 대화

마지막으로, 자녀와의 비언어적 대화의 중요성을 말하지 않을 수 없다. 효과적인 대화에 대한 논의를 완성하기 위해서는 더욱 그렇다. 자녀의 비언어적인 신호를 알아챔으로써 현재 자녀의 정서 상태, 감정, 기분에 대해 많은 것을 파악할 수 있는 것이다. 또한 아이들도 부모들에게서 나오는 비언어적 신호에 아주 민감하다.

우리가 논의한 바대로, 아이들에게 현재의 기분을 표출하도록 기회를 주는 것은 아주 중요한 것이다. 비언어적 신호에 반응하는 것은 그 기회를 잡는 중요한 방법이다.
다음은 비언어적 신호에 효과적으로 반응하는 예이다.

"시선을 다른 데로 돌리는 건 동의하지 않는다는 거지, 그렇지?"
"아주 기분이 좋은 것 같구나."(미소짓는 것을 보면서)
"제이슨하고 놀지 못하게 되어서 속이 상해 보이는구나. 같이 이야기 좀 해볼까?"

부모들이 표출하는 비언어적 행동 또한 중요하다.
다음과 같이 말하는 것보다 더 빨리 자녀들의 말문을 닫아버리게 하는 방법은 없다.

"듣고 있다."

다른 일에 신경 쓰고 있는 것을 보여주면서 말이다.
자녀들과의 비언어적 대화를 향상시킬 수 있는 방법을 몇 가지 소개한다.

- ■ 하던 일을 멈추고 아이에게 전부 관심을 쏟을 것
- ■ 시선을 마주칠 것

- 자녀가 중요한 일을 말하고자 할 때는 몸을 기울여 경청해줄 것
- 중간에서 말을 끊지 말 것. 자녀가 말하고자 하는 것을 다 말하게 해주어야 부모가 진정한 관심을 기울이고 있음을 확신하게 해준다.
- 이따금씩 고개를 끄덕여줄 것
- 적절할 때 미소를 지을 것. 부모와 대화를 하는 것이 부담스러운 것이 아니라는 생각을 갖게 한다.
- 때때로 '음' 등 소리를 내어 동조해줄 것. 부모가 열심히 자기 이야기를 듣고 있다는 것을 알려준다.

자녀들과의 대화를 향상시키는 법을 배우게 되면 여러 가지 중요한 변화가 생기는 것을 알게 될 것이다.

먼저, 자녀들이 스스로 다가와 문제점을 상의하려 할 것이다. 자기들의 말을 귀담아듣고 이해해준다는 것을 알기 때문에 아이들은 부모들이 하는 말을 좀더 고분고분하게 받아들이려고 할 것이다.

자녀들 또한 부모로부터 대화하는 법을 배우게 되어 자기 또래와의 사이에서 불필요한 마찰을 피할 수 있게 된다.

효과적인 대화는 자녀들이 자랄수록 더욱 중요해진다. 아이들이 어렸을 때 훌륭한 대화법을 미리 터득해두는 것이 골치 아픈 십대 시절을 대비하는 최선의 예방책이 될 것이다.

체|크|포|인|트

열린 대화에 빗장 지르기

- 열린 대화야말로 자녀가 자랄수록 부모가 꼭 지녀야 할 최대의 무기이다.
- 열린 대화는 부모와 자녀간의 불필요한 힘겨루기를 최소화해준다.
- 대화를 할 때에는 자녀에게 최대한의 관심을 기울여라.
- 닫힌 대화를 만드는 여러 가지 유형이 있다.
  - 권위적인 부모
  - 설교형 부모
  - 꾸짖는 부모
  - '그래그래' 형 부모
- 경청은 능동적인 과정이다.
- 가능한 한 반영하는 경청법을 사용하라.

다섯 번째 실수
대신 해주기

새로운 규칙의 적용
문제 해결

 부모가 아무리 훌륭하다 하더라도 아이들은 아이들 나름대로의 문제와 딜레마, 장애에 부딪히게 된다. 그것은 인생을 살아가면서 피할 수 없는 부분이다.

 대부분의 부모들은 자녀들이 그런 곤경과 씨름하는 것을 안쓰러워한다. 이미 한두 번 그런 곤경을 헤치고 나온 경험이 있는 성인으로서, 부모들은 자신들이 이미 겪어본 고통과 낙담으로부터 자녀들을 구해내기 위해 자신의 풍부한 인생 경험을 활용하고 싶어한다.

 자연히 부모들은 자녀들이 실수를 저지르거나 바람직하지 못한 선택을 하는 것을 막아주고 싶어한다. 그러나 이렇게 자녀를 보호하고 지도하려고 하는 데서 많은 부모들은 '대신 해주기'의 덫에 걸리게 된다.

 서둘러 자녀들의 문제를 해결해주려다 자녀들이 스스로 한 행동의 결과에서 교훈을 얻을 수 있는 기회를 박탈해버리는 것이다.

이런 방법은 모르는 사이 아이를 독립적이고 자립심이 강한 아이가 아닌 무슨 일이든 부모에게 의존하는 나약한 아이로 만들어버린다.

또한 스스로 행동의 결과를 체득하지 못하게 함으로써 좌절과 분노를 조장하는 셈이 된다. 모든 것을 부모가 해결해버림으로써 자녀들의 자연스런 탐구심과 성장 의욕이 억제되기 때문이다.

새로운 규칙의 적용

스스로 배울 기회를 주기보다는 충고하기를 더 좋아하는 부모 밑에서 자란 아이의 경우, 특히 십대들은 부모에게 지나치게 의존하거나 엮으로 화를 내는 경향이 있다.

부모의 충고가 좋은 결과를 낳았을 때 십대들은 그 결과가 자신이 주체적으로 한 행동 때문이라고 생각하기보다는 부모 덕분이라고 여기기 쉽다.

반대로 만약 부모의 충고가 신통치 못한 결과를 낳았을 경우, 십대들은 자기 자신의 잘못으로부터 교훈을 얻으려 하기보다는 모든 잘못을 부모탓으로 돌리곤 한다.

레이먼드가 축구 코치와의 사이에 문제가 생겼을 때 레이먼드의 부모가 저지른 실수가 바로 그런 것이었다.

어느 날 밤, 레이먼드는 코치가 충분히 뛸 기회를 주지 않는다고 심하게 불평을 늘어놓았다. 아버지는 자신이 직접 코치를 만나서 레이먼드의 불만에 대해 상의를 하겠다고 했다. 레이먼드는 아버지의 말에 따르기로 했다.

다음날 저녁, 레이먼드는 화가 나서 거의 울 듯한 얼굴로 집에 돌아왔다. 코치가 자신에게 훈련에 집중을 하지 않고, 열심히 노력도 하지 않는다고 말했다는 것이다. 코치는 레이먼드가 이번 훈련에서 좀더 향상된 모습을 보여주지 않으면 절대로 추가 출장 기회를 주지 않겠다고 했다.

레이먼드는 아버지가 코치와 상의하겠노라고 한 것에 대해서도 불만을 털어놓았다.

스스로 문제를 해결하도록 돕는 대신 자기가 직접 나서는 우를 범함으로써 레이먼드의 아버지는 본의 아니게 레이먼드가 스스로의 잘못은 간과하고 아버지 탓만 하게끔 만들어 버린 것이다.

자녀의 문제 해결에 부모가 개입하는 실수는 자녀가 어렸을 때부터 비롯된다. 매일매일 바쁜 일과 속에서 시간을 들여 자녀들에게 스스로 일을 해결하게끔 가르치는 것보다는 '바로바로 일을 해주는' 것이 훨씬 편리할 때가 많다.

다이앤과 그녀의 여섯 살짜리 아들 더그의 경우가 전형적인 예일 것이다.

"아침마다 옷을 입혀서 문 밖으로 내보내는 것이 너무 힘들어요. 항상 시간에 쫓겨요. 더그는 옷을 입는 것 같다가도 어느새 텔레비전 앞에 앉아 있곤 해요. 결국 내가 신을 신기고 웃옷의 단추를 채운 다음 문 밖으로 데리고 나와야 하지요."

이 상황의 문제점이 무엇인지 알 수 있는가?

어린 더그는 스스로 옷을 입어야 할 이유가 전혀 없다. 엄마가 언제나 자기 대신 옷을 입혀주기 때문이다. 자기는 텔레비전 만화만 보면 되는데 굳이 옷을 입는 방법을 배울 필요가 뭐가 있겠는가?

장기적으로 볼 때 훨씬 좋은 결과를 가져다줄 방법을 찾기 위해서는 그만큼의 노력이 필요하다. 다이앤은 아침 일과 시간을 조정해서 더그가 스스로 옷을 입게 하고, 그렇게 했을 경우와 하지 않았을 경우의 차이를 논리적으로 배우도록 동기 부여를 해줄 필요가 있다.

다이앤은 잠자리에 들기 전에 더그의 옆에 앉아서 아침 일과 시간의 문제에 대해 이야기를 나누는 것이 좋다. 다음날 아침부터 적용할 '새로운 규칙'에 대해 이야기를 해줘도 된다. 이때 옷을 완전히 입기 전까지는 자기 방에 그대로 머물러 있어야 한다고 설명한다. 옷을 완전히 입어야만 만화를 볼 수 있다고 말이다.

이 새로운 규칙을 말해줄 때는 긍정적인 태도를 보여주어야 한다. 더그가 스스로 빨리 옷을 입어야 아래층으로 내려가 만화를 볼 수 있다고 믿게끔 확실히 해주어야 한다. 더그가 특별히 문제가 생겨서 도움을 청할 때에 한해서만 옷을 입는 것을 도와준다. 그러나 그럴 경우에도 다음번에는 스스로 할 수 있도록 시범을 보여주는 정도여야 한다.

다이앤은 계획을 세워 다음과 같은 상황을 만들어냈다.

1. 더그가 옷을 빨리 입으면 더 오랫동안 만화를 볼 수 있게 해준다.
2. 게으름을 부리면 만화 보는 시간을 줄인다.
3. 아들을 칭찬해서 자긍심을 키워줄 기회를 만든다(이 '새로운 규칙'을 시행하기 전에 그녀는 항상 아들이 느리다고 비난을 했었다).
4. 더그는 독립심과 책임감을 배운다.

올해 열 살이 된 에이미는 아이가 여섯 명인 가정의 아이이다. 아이들이 많은 대가족답게 아이들은 각자 한 가지씩 집안 일에 책임을 맡고 있었다. 에이미가 맡은 일은 식사가 끝난 다음 다른 형제가 테이블에서 날라다놓은 접시를 식기세척기에 집어넣는 것이었다.

그렇지만 매일 저녁 에이미의 어머니는 그 일을 시키기 위해 에이미와 전쟁을 벌여야만 했다. 마침내 에이미의 부모들은 그 싸움에 지쳐 에이미의 일을 거들어주기 시작했다.

그 문제는 에이미의 부모들이 논리적인 전략을 세움으로써 해결할 수 있었다. 에이미는 저녁식사 후에 친구와 같이 자전거를 타고 근처를 돌아다니는 것을 좋아했다. 에이미의 부모는 이 점을 이용하기로 했다. 에이미는 식기세척기에 접시를 다 집어넣어야만 자전거를 탈 수 있었다. 만약에 그 일을 하지 않았거나 그 일에 불평을 하면 그날 저녁에는 자전거를 타러 나갈 수가 없었다.

자기 일을 빨리 마치면 마칠수록 에이미는 더 많은 시간을 바깥에서 자전거를 타며 친구들과 보낼 수 있었다. 이 해결책은 간단했지만 효과적인 방법이었다.

이와 같은 논리적인 귀결을 스스로 경험하게 하는 것은 십대를 포함하여, 모든 연령의 자녀들에게 매우 효과적일 수 있다.

만약 십대의 자녀가 계속 저녁시간보다 늦게 집에 돌아오면 저녁을 남겨두지 마라. 늦게 들어오는 데 대한 논리적 귀결—저녁을 굶고 자거나 아니면 자기가 직접 밥을 차려 먹어야 하는 것—은 부모들이 직접 간섭하는 것보다 훨씬 많은 것을 배우게 해준다. 마찬가지로, 만약에 십대의 자녀가 더러워진 옷을 세탁기에 집어넣는 것을 잊는다면 학교에 입고 갈 새 옷이 없다는 교훈을 배울 수 있을 것이다. 그렇게 하는 것이 처음부터 자기 빨래는 자기가 하도록 가르치는 것보다 훨씬 더 효과적일 수 있다. 기억할 것은 우리의 궁극적

목표는 자녀들을 독립적이며 책임감 있는 성인으로 키우는 데 있다는 점이다.

자녀들에게 자신의 행동의 결과로부터 교훈을 얻도록 하는 것은 올바른 인생을 살게 하는 귀중한 체험이다. 그러나 어떤 경우에는 아이들의 안전 자체가 문제가 될 수도 있으며 또한 아이들의 특정 행동이 가족 구성원의 권리를 침해할 수도 있다. 이런 경우에는 부모의 직접적인 관여가 필요하다.

예를 들어, 아이가 교통량이 많은 길가에서 인라인스케이트를 타고 싶어할 경우, 이때는 당연히 아이의 안전이 문제가 된다. 잘못된 행동의 결과로 교통사고를 당한다는 것은 논리적 귀결을 통해 교훈을 얻게 해주려는 차원에서는 도저히 받아들일 수 없는 문제이다.

마찬가지로, 아이가 음악을 너무 커다랗게 연주를 해서 타인에게 방해가 된다면 그것은 타인의 권리를 침해하는 것이므로 당연히 부모의 직접적인 개입이 필요할 것이다.

문제 해결

부모가 능동적인 역할을 해야 하는 경우에도, 자녀들을 그 과정에 참여시키는 것은 중요하다. 이러한 접근 방식을 우리는 '문제 해결' 이라고 부른다. 그러한 경우가 생길 경우, 단순히 지시나 명령을 내리는 것보다 그 문제를 함께 해결하기 위해 자녀의 협조를 이끌어내는 것이 훨씬 효과적이다. 이 접근 방식은 많은 시간과 노력을 요구한다. 그러나 동시에 부모와 자녀 사이의 불필요한 줄다리기를 감소시키는 방식이기도 하다. 자녀를 참여시킴으로써 자녀의 마음에서 우러나오는 협조를 받을 수 있고, 문제가 성공적으로 해결됐을 경우 성취감을 맛보게 해줄 수도 있다.

문제 해결 과정은 먼저 명확하고 조용하게 문제점을 설명하는 것부터 시작된다. 감정 상태가 너무 고조되지 않았을 때 문제의 세부 사항에 대해 논의해야 한다. 비난하거나 나무라서는 안되고 단지 문제 자체만을 간략하게 언급해야 한다.

다음 예들을 살펴보자.

"애야, 어제 아빠 차 뒤에 자전거를 그냥 내버려둔 것을 보았단다."
"10시 이후에 악기를 연주하면 아빠, 엄마는 잠을 자기가 어렵단다."

다음 단계는 아이로부터 가능한 해결 방법 모두를 말해보게 하는 것이다.

그 해결 방법들에 대해 섣부른 가치판단을 내리지 말고 그대로 열거해본다. 자녀가 스스로 해결 방법들을 제시하지 못할 경우, 부모가 몇 가지 제안을 할 수도 있다.

"이런 것은 어떨까?"나 "어쩌면 이렇게 할 수도 있지 않을까?"와 같은 말들이 효과를 발휘하기도 한다.

가능한 해결 방법들을 모두 열거한 다음, 하나씩 하나씩 아이와 의논한다. 가장 좋은 해결 방법이 나오면, 한 번 시도를 해본 다음 일정 시점에서 구두나 서면으로 그 결과를 점검해보기로 한다.

문제 해결 과정의 시나리오는 다음과 같을 것이다.

▶ 시나리오 1

아빠 : 에디, 오늘 출근하면서 네가 또 자전거를 아빠 차 뒤에 내버려 둔 것을 보았단다. 하마터면 자전거와 부딪칠 뻔했어.

에디 : 알아요, 아빠. 죄송해요.

아빠 : 네가 미안해하는 것은 알겠다. 그렇지만 네 스스로 일처리를 하는 게 어려운 것 같으니, 아빠와 함께 어떻게 할 것인지 생각해보면 어떻겠니. 어떻게 하는 게 좋을까?

에디 : (웃으며) 좋아요. 먼저, 아빠가 출근하시기 전에 차 뒤를 살펴보면 어떠세요?

아빠 : 좋아. 그리고 다른 방법은?

에디 : 내가 잊어버리지 않고 자전거를 차고에 넣어두어

도 되고요.

아빠 : 또 다른 건?

에디 : 글쎄, 없어요. 다른 것은 생각나지 않아요.

아빠 : 음, 다음에도 네가 자전거를 차 뒤에 놔두면, 정신 차리라는 의미에서 일주일이나 그 이상 자전거를 창고 안에 넣어둔다거나, 아니면 자전거를 그대로 차로 밀어버릴 수도 있겠지.

에디 : 그건 별로 맘에 들지 않는데요.

아빠 : 자, 그럼 정리를 해보자. 먼저, 아빠 생각에 네가 잊어버리지 않도록 노력해보겠다는 것으로는 충분하지 않구나. 지금까지도 그랬잖니?

에디 : 저도 그렇게 생각해요. 하지만 아빠가 내 자전거를 밀어버리는 것은 정말 안돼요. 크리스마스 선물로 받은 거잖아요.

아빠 : 그러면 지금까지 말했던 방법들을 합쳐보면 어떻겠니? 넌 아빠가 출근하기 전에 차 뒤를 살펴보라고 했는데 그건 충분히 할 수 있어. 만약 자전거가 거기 있다면 일주일 정도 압수해서 네가 정신을 차리도록 하자. 어때?

에디 : 일주일 대신 이틀만 압수하면 안돼요?

아빠 : 네가 이틀이 적당하다고 생각한다면 그렇게 하자꾸나. 2주일 후에 다시 한 번 이 이야기를 해보자.

에디 : 좋아요, 아빠. 고마워요.

이 대화에서, 아빠는 그냥 화를 내고 아들을 때려줄 수도 있었다.

그러나 그런 방법을 선택하지 않고 이 아빠는 불필요한 싸움보다는 문제 해결 과정에 아들의 협력을 끌어들였다. 아들은 협조와 문제 해결 능력을 배우게 되었고 아마도 자기가 관여한 만큼 아버지의 지시를 좀더 잘 따르려 할 것이다. 이 현명한 아버지는 자동차 뒤에서 자전거를 끌어내면서 그와 함께 불필요한 부자간의 대립도 치워버린 것이다.

2주일 후 부자가 머리를 맞대게 되면 혹 필요할 경우 이전의 합의를 수정할 수도 있다. 만약 성공적으로 합의가 수행되고 있다면 이 훌륭한 아버지는 기꺼이 아들을 칭찬하여 아들의 자긍심을 한껏 키워줄 것이다.

다음의 문제 해결 과정의 예는 의사 결정 과정에 효과적으로 아이들을 개입시키는 방법을 보여주고 있다.

▶ 시나리오 2

엄마 : 줄리, 오늘은 숙제가 없니?
줄리 : (고개를 숙이며) 수학 연습문제를 풀어가야 하는
   데 그만 학교에다 문제집을 놓고 왔어요.
엄마 : 줄리야, 학교에 숙제를 놓고 온 게 이번 주에 벌

써 세 번째다.

줄리 : 알아요, 엄마. 죄송해요.

엄마 : 자, 애야. 이리 와서 그 얘기 좀 해보자. 어떻게 하면 숙제를 안 잊고 올 수 있을지 함께 생각해봐야 될 것 같다. 알지? 계속 그렇게 숙제를 잊고 오면 성적에도 영향이 온다는걸.

줄리 : 네, 엄마. 알아요.

엄마 : 어떻게 할지 말해볼래?

줄리 : 네, 안 잊어먹도록 좀더 노력할게요.

엄마 : 좋아. 그리고 또 없을까?

줄리 : 집에 와서 샐리에게 전화를 해서 숙제가 뭔지 확인할 수도 있어요.

엄마 : 그것도 한 방법이겠구나. 나도 생각이 하나 있는데, 숙제장을 만들어보면 어떻겠니? 거기다 숙제를 기입하고 수업이 끝났을 때 선생님이 확인 서명을 해주실 수도 있지 않을까? 그러면 방과후에 틀림없이 숙제를 모두 적어 가지고 집에 돌아올 수 있잖니.

줄리 : 글쎄요. 저는 잘 모르겠어요.

엄마 : 그래, 그럼 지금까지 한 이야기를 정리해보자. 너는 숙제를 안 잊어먹도록 더 노력을 하겠다고 했지. 그게 잘 되겠니?

줄리 : (웃으면서) 이번 주에는 별로였다고 생각해요.
엄마 : 그리고 또 매일 저녁 샐리에게 전화를 걸겠다고 했지. 어쩌면 샐리가 매일 저녁 너에게 이야기해주는 걸 귀찮아하지는 않을까?
줄리 : 네. 그럴 수도 있을 거예요.
엄마 : 그래. 그럼, 숙제장을 사용하는 것은 어때?
줄리 : 엄마, 나는 매일 선생님한테 서명을 받는 건 싫어요. 바보처럼 보일 거예요.
엄마 : 이러면 어떨까? 지금 함께 컴퓨터로 숙제장을 만들어보자. 엄마한테 네 스스로 숙제를 기입하고 확인할 수 있다는 것을 보여주면 선생님의 서명을 받아오라고 하지 않을게. 한두 주일 정도 숙제장을 사용해본 다음 다시 상의를 해보자. 어떻게 생각하니?
줄리 : 괜찮을 것 같아요. 고마워요, 엄마.

이 예에서 줄리는 단순히 문제 해결의 과정에 관한 것만이 아니라 선생님의 서명을 안 받아도 된다는, 그렇게 되기를 원하는 동기를 강하게 부여받고 있다.

만약 이 어머니가 계속해서 현명하게 대처한다면 2주일 후에 문제 해결 여부를 다시 점검한 다음, 딸에게 칭찬이나 다른 구체적인 보상을 해줄 것이다.

'대신 해주기'라는 함정에서 벗어나기 위해서는 가능한 한 자녀들에게 자연적이고 논리적인 귀결을 경험하게 하고 그것에서 배우도록 하는 것이 중요하다. 자녀들에게 논리적 귀결에서 교훈을 얻도록 하는 것은 자녀의 안전이나 타인의 권리 침해 문제가 생기는 경우가 아닌 한 가장 적절한 방식이다.

보다 직접적인 개입이 필요한 경우, 문제 해결 방식을 채택하면 문제 행동을 감소시키는 데 도움이 되며, 자녀들에게 부모의 문제 해결 방법을 적절히 모방할 수 있는 기회를 자연스럽게 전해주게 되고 아이 스스로의 능력을 키우고 책임감, 독립심을 키워줄 수 있다.

체|크|포|인|트

대신 해주기

- 가능한 한 자녀들에게 논리적인 귀결에서 교훈을 얻도록 하라.

- 자녀를 대신해서 일을 처리하는 것은 자녀들의 욕구불만과 의타심을 조장한다.

- 자녀의 안전이나 타인의 권리 침해가 문제되는 경우에는 논리적 귀결에서 교훈을 얻는 방식은 적합하지 않다.

- 부모의 직접적인 개입이 필요할 경우 문제 해결 방식을 적용하라.

여섯 번째 실수

편 가르기

가족회의
팀 플레이
형제간의 경쟁의식을 극복해주는 팀 플레이

 상담을 하러 오는 가족들 대부분이 가지고 있는 공통점이 있다. 그들 사이가 어떤 인위적인 선에 의해 나뉘어져 있다고 생각한다는 점이다. 그 선은 부모와 자식 사이에 더욱 뚜렷이 그어져 있다.
 '우리 편과 저쪽 편'이라는 의식이 팽배해 있는 것이다.
 어떤 가족이나 힘을 가지고 있는 쪽은 부모이다. 이 내재된 힘의 불균형이 권위주의적인 양육 방식을 선호하게 만드는 것이다. 이와 같은 상황에서 자녀들은 일반적으로 분노와 좌절감, 욕구불만 등 부모에게 반항하거나 부모와의 지나친 줄다리기를 야기하는 감정을 느끼게 된다.
 이러한 부모와 자녀간의 줄다리기는 여러 가지 형태를 띤다.
 예를 들어 브렌다의 경우를 보자. 그녀는 2년 전에 이혼을 했는데 요즘 들어 다시 남자친구를 사귀기 시작했다.
 거기에서 일곱 살배기 딸 헤더와 문제가 생겼다. 항상 어머니의 관심의 대상이었던 헤더는 점점 반항적이 되었고 브렌다의 남자친구가 저녁을 먹으러 오거나 어머니와 함께 외출을 할 때면 마구 신경질을 부리곤 했다.

브렌다는 확실한 어조로 헤더에게 그런 태도를 고치지 않으면 벌을 주겠다고 경고했다. 그러나 그 경고에도 불구하고 헤더의 태도는 그대로였다.

존슨 씨 부부도 비슷한 문제를 겪고 있었다. 존슨 씨는 직업 때문에 여행을 많이 해야 했고 한두 주씩 집을 떠나 있는 경우가 종종 있었다.

여행에서 돌아오면 존슨 씨는 방을 깨끗이 정돈하지 않았다든지, 정원의 잔디를 깎지 않았다든지, 옷가지를 집 안에 널브러뜨려 놓았다든지 하는 이유로 열세 살인 아들 지미를 나무라곤 했다.

상담을 하러 왔을 때 두 부자는 서로에게 불만스럽고 화가 난 모습이었다. 처음 상담중에는 서로에게 말도 하지 않을 정도였다.

이러한 갈등을 미연에 방지하기 위해서는 어떤 공통된 문제점을 해결하는 데 단결된 팀으로서의 가족의 역할을 강조하는 보다 협조적인 접근 방식이 필요하다.

부모에게 아무런 부담 없이 문제 해결을 위한 도움을 청할 수 있는 아이는 그렇지 못한 아이들보다 스스로에 대한 자신감과 자기의 존재에 대한 가치를 인식하고 있다.

가족회의

 가족간에 보다 협조적인 분위기를 만들기 위해 취할 수 있는 가장 강력한 도구 중의 하나가 가족회의이다.

 가족회의란 가족들이 정기적으로 모여 공통된 관심사와 희망 사항, 작은 제안부터 커다란 문제점, 성취 결과, 자신의 감정, 여러 가지 의문 사항 등 일상에서 일어날 수 있는 모든 일들을 서로 이야기하는 것을 말한다.

 어떤 주제이든 상관없다. 가족 구성원이 공통된 관심사를 서로 이야기하는 것 외에도 가족회의의 중요한 기능은 여러 가지가 있다.

 정기적으로 열리는 가족회의에 참석함으로써 가족들은 자신들이 가정 안에서 안정된 권한과 지배력을 가지고 있다는 느낌을 가질 수 있다. 또한 자신의 생각과 관심사를 가족들이 모두 경청하고 평가해준다는 믿음이 생겨 자신의 존재를 더욱 가치 있게 생각하게 된다. 또한 가족 구성원들의 협조 속에서 규칙을 결정하기 때문에 가족간의 불협화음을 최소화할 수 있다.

 가족회의를 열 때는 다음 주요 지침들을 명심해야 한다.

1. 가족회의는 주기적으로 열려야 한다. 일정하게 열리는

회의는 예측 가능성과 일관성을 느끼게 해준다. 가족들은 매주 자신들의 관심사를 이야기할 수 있는 장소가 열린다는 것을 알게 되고 뭔가 문제가 생겼을 때에도 심리적으로 안정감을 갖게 된다. 회의는 통상적으로 15분에서 1시간 정도 한다.

2. 가족회의는 모든 사람이 솔직하고 편하게 이야기할 수 있는 '격의 없는' 장소여야 한다. 부모와 자녀 모두 가능한 한 동등한 자격을 가져야 한다. 감정을 토로하는 것은 그 방식이 적절한 경우 결코 금지시켜서는 안된다 (욕설과 구타 따위가 아니라면). 자기가 하는 말을 다른 구성원들이 경청하고 있다는 것을 느껴야만 한다. 비록 자신이 원하는 결과가 나오지 않을 수 있더라도 그 점은 변해서는 안된다.

3. 회의중에는 가족들이 모두 발언할 기회를 가져야 한다. 매주 다른 사람이 사회를 보도록 하는 것도 좋다. 아이들은 직접 회의 진행을 맡아봄으로써 정말 신나는 기분, 자기에게 권한이 주어졌다는 기분을 느낄 수 있다. 간혹 어른들이 진행을 도와주어야 할 때도 있다.

4. 일반적으로, 아이들이 먼저 발언을 하도록 하는 것이 좋

다. 아이가 자기의 관심사를 말하면 그것을 경청하고 난 후에 부모들이 발언하는 것이 좋다. 이때 부모가 먼저 지난번 회의에서 이야기된 문제의 진전 상황을 지적하고 잘된 행동들을 칭찬한 다음 새로운 문제점을 거론하는 것이 바람직하다.

5. 가족회의에서 합의된 사항은 다음 회의 때까지 지켜져야 한다. 물론 합의 사항을 변경해야 할 필요성이 생기는 것은 당연하지만 이때에도 가족회의의 테두리 내에서 이루어져야 한다.

"이게 네게 중요한 문제라는 것은 알지만 내일 가족회의에서 토론을 해보는 게 어떻겠니?"라든지 "그 규칙을 수정해야 할 필요가 있을 것 같구나. 다음 금요일 가족회의 때 이야기하자."와 같은 말을 함으로써 불필요한 갈등을 예방할 수 있고 다음 가족회의 때까지 문제가 확대되는 것을 방지할 수 있다.

6. 행동 계획이나 합의를 이끌어낼 때에는 가족 전체의 동의를 바탕으로 이루어져야 한다. 투표 방식은 경쟁심을 유발하므로 그리 썩 좋은 방안이 아니다. 만장일치가 이루어지지 않는다면 일단 주제를 다른 곳으로 돌리고 그 문제는 다음 회의에서 다루자고 제안해본다. 그 다음에

도 만장일치가 계속 불가능할 경우 부모가 최종 결정을 하게 된다는 것을 자녀들에게 이해시킨다.

처음 가족회의를 진행할 경우 자녀들은 그 과정이 익숙하지 않아 말하기를 주저할지도 모른다. 그렇더라도 우려할 것은 없다. 주저하는 아이에게는 말할 준비가 되면 그때 발언하라고 하고 먼저 부모가 보고 느낀 점, 칭찬할 사항, 관심 사항에 대해 이야기하면 된다. 보통 한두 주일 지나면 아이들은 가족회의 방식에 익숙해진다.

몇 달 전 내 사무실에서 연습을 해보았던 가족회의의 모습을 한 번 살펴보도록 하자. 이 가족은 부부와 열두 살짜리 딸 티나와 열다섯 살의 아들 마틴으로 구성되어 있다. 여러 주 동안 가족회의를 열어 집안의 잡일을 분담하는 것에 대해 토의를 해왔다.

자, 회의가 시작되었다.

티나 : 집안 일 분담에 대해서 말하고 싶어요. 내가 매일 저녁 접시를 헹구어야 하는 건 불공평하다고 생각해요. 오빠가 하는 일이라곤 식기세척기에 접시를 집어넣는 것뿐인데요.

마틴 : 그렇지만······.

아빠 : 마틴, 말이 다 끝날 때까지 기다리도록 하렴. 너

한테도 말할 기회를 줄 테니까.

티나 : 접시를 헹구는 건 접시를 나르는 것보다 훨씬 힘들어요. 그 일을 다 끝내고 나면 숙제를 할 시간도 없고요.

마틴 : 티나 말이 맞아요. 설거지를 마치고 나면 거의 잠자리에 들 시간이에요. 그런데 엄마, 아빠는 우리가 일하는 동안 앉아서 이야기만 하고 계시잖아요. 공평하지 못해요.

엄마 : 한 번에 하나씩만 이야기하기로 하자, 괜찮지? 티나, 너는 접시를 헹구는 것이 접시를 나르는 것보다 힘들다고 생각하는 거지?

티나 : 네!

엄마 : 마틴, 하루씩 교대로 접시를 헹구고 나르는 게 어떻겠니?

아빠 : 내 생각에는 하루씩 바꾸면 누구 차례인지 확인하는 데 좀 문제가 있을 것 같다. 일주일 단위로 바꾸면 어떨까?

티나 : 저는 좋아요.

마틴 : 저도 좋아요. 그렇지만 숙제 문제하고 아빠, 엄마는 전혀 돕지 않는 문제는요?

엄마 : 얘, 난 집에 제일 먼저 돌아와 음식을 만들잖니. 그건 아무도 도와주지 않잖아.

아빠 : 엄마 말이 옳다. 식구들이 먹을 맛있는 음식 만드느라 엄마는 몹시 지친단다. 하지만 너희들이 숙제를 하는 데 시간이 부족하다고 하니까……. 이렇게 하자. 주중에는 너희들이 빨리 일을 끝마치도록 아빠가 도와줄게, 어때?

티나, 마틴 : 좋아요!

의견 대립이 있는 가족들을 상담할 때마다 가족회의가 문제 해결에 놀랍도록 효과적인 도구라는 것을 깨닫곤 한다.

자녀들은 자기의 의견이 존중받는 데서 가족의 의사 결정 과정에 참여하고 있다는 느낌을 크게 받는다. 항상 자기의 생각을 표현할 수 있는 방법이 있으므로 덜 공격적이고 덜 반항적이 된다.

"다음 가족회의에서 토의할 좋은 의제가 나왔구나."와 같은 말을 함으로써 그날그날 일어날 수 있는 긴장을 해소시킬 수도 있다.

간단히 말해, 가족회의란 가족 구성원 모두를 승리자로 만들 수 있는 방법이다.

팀 플레이

 가족을 한 팀으로 여기게끔 자녀를 키우는 것은 여러 가지 장점이 있다. 자신을 '가족이라는 팀'의 소중한 일원으로 생각하는 아이들은 보다 협조적이고 함께 문제를 해결하려는 경향을 보인다.

 직장에서 사람들이 어떻게 반응하는지를 생각해보자. 중요한 의사 결정 과정에 직원들을 참여시키는 회사들이 그렇지 않은 회사보다 훨씬 효율적으로 회사를 운영한다. 독재적이고 무자비한 상사와 일을 해야만 하는 직원들은 무력감과 욕구불만을 느끼게 된다. 가족도 똑같은 법이다.

 포스터 부인이 열다섯 살인 아들 오스틴과 함께 나를 찾아왔다. 그녀는 이혼해서 홀로 아들을 키우고 있었다. 그녀의 전 남편은 제대로 양육비를 주지 않았고, 그 결과 살림살이는 항상 빠듯했다.

 오스틴은 학교에서 그리 심각하지 않은 사소한 문제점들을 안고 있었다. 훌륭한 엄마가 되고 싶은 마음에 부인은 오스틴이 잘못을 할 때마다 큰 소리로 야단을 치곤 했다. 그리고 돈 문제 때문에 아들과 말다툼을 하는 경우도 있었다. 오스틴은 새 신발이나 너무 비싸서 엄마가 사줄 수 없는 물건들을 갖고 싶어했다. 오스틴은 계속해서 엄마에게 왜 자기는 갖고 싶은 것을 가질 수 없냐고 졸라댔다.

포스터 부인은 혼자 아이를 키워야 한다는 데서 받는 스트레스를 오스틴에게 퍼붓곤 했다. 이런 식으로 모자간의 다툼은 악순환을 계속했다.

이 가족의 문제를 해결하는 방법은 서로를 바라보는 시각을 교정하는 것이었다. 이 두 사람은 아들은 엄마를 전권을 쥐고 있는 결정자로, 엄마는 아들을 아직 어린 철부지로 보는 경향을 가지고 있었다.

오스틴은 좌절감과 분노를 점점 키워가고 있었고 포스터 부인은 오스틴이 대드는 것에 마음이 상해서 그렇지 않아도 힘든 삶을 더욱 고단하게 느끼고 있었다.

모자가 서로를 하나의 팀으로 보기 시작하면서 그런 상황은 전혀 다른 방향으로 바뀌기 시작했다. 서로가 상대방에게 얼마나 의존하고 있는지를 알게 되면서 두 사람은 서로에 대한 부정적인 감정을 털어내게 되었다.

포스터 부인은 오스틴을 옆에 앉히고 지금의 재정 상태를 설명하고 왜 원하는 것을 사줄 수 없는지를 납득시켰다.

오스틴은 그런 가족사의 중요한 문제를 자신에게 이야기해 준 것에 기뻐하며 엄마가 계속 그런 식으로 자기를 대해 주기를 바란다는 뜻을 표시했다. 모자의 관계는 긍정적이고 서로 도움을 주는 형태로 바뀌게 되었다.

가족 중 가장 큰 힘을 가지고 있는 존재는 단연코 부모이다. 자녀들에게 복종을 요구하기 위해 이 힘을 사용하는 것은 어려운 일이 아니다.

 그러나 우리의 궁극적인 목적이 아이들을 맹목적으로 부모에게 복종하도록 가르치는 것일리는 없다. 어느 누구도 그렇게 생각하지 않는다. 그런 방식은 단지 아이들의 욕구불만을 키우고 나아가 가족 구성원간의 비생산적인 줄다리기를 야기할 뿐이다.

 이럴 때야 말로 팀 플레이를 강조하는 방식이 훨씬 효과적이다. 이 방식은 협동심과 감수성을 키워준다. 아이들에게 다른 사람과 효과적으로 함께 일하는 법을 가르쳐주고 또 능력과 자부심을 느끼게 해준다.

 틴들 씨 가족이 팀 플레이 방식의 장점을 실감한 경우이다. 틴들 부인은 뒤늦게 회계학 학위를 따려고 학교로 돌아가기로 결정했다. 여러 해 동안 집안 일만 돌보아왔던 터라, 틴들 부인은 자기의 만학 때문에 남편과 두 아이의 생활에 많은 영향이 미칠 거라는 것을 쉽게 짐작할 수 있었다.

 그녀가 뒤늦은 공부를 결심했을 때, 그녀와 남편은 아이들과 마주앉아 엄마의 공부가 미칠 영향에 대해 상의를 했다.

 먼저 그녀는 아이들에게 자신이 학위를 딸 경우 얼마나 기쁠지를 이야기했다. 그리고 그녀는 자신이 집에 있는 시간이 줄어들게 될 것이며 그래서 집안 일이 영향을 받게 될 것임을 설명했다.

그녀는 아이들에게 엄마가 집에 없는 시간이 늘어나는 것에 대해 어떻게 느끼는지 말해보도록 했다. 그리고 아이들이 학교에서 돌아왔을 때 예전과 어떤 점이 다르게 될지에 대해서도 이야기를 나누었다.

그녀는 아이들에게 세탁이나 저녁 준비 같은 일을 도와달라고 부탁을 했다. 그리고 마지막으로, 엄마가 다시 공부를 할 수 있도록 도와주어서 고맙다는 말을 했다. 아이들의 협조와 이해에 정말 감사한다고.

정리하자면, 그녀는 아이들을 참여시켰고 그들을 '가족이라는 팀'의 중요한 구성원으로 여기게 만든 것이다.

이 가족의 사례는 또 다른 중요한 사실을 시사해주고 있다. 가족회의를 규칙적으로 여는 것이 이상적이기는 하지만 형식을 갖추지 않더라도 팀 플레이를 강조하는 방식이 효과가 있다는 사실이다.

중요한 사안에 대해서 그때그때 가족 구성원들이 모여 서로 상의를 하는 것 역시 효과적인 방법이며 가족간의 유대감을 증대시켜 준다.

형제간의 경쟁의식을 극복해주는 팀 플레이

 부모들이 가장 많이 상담을 요청하는 문제는 형제간의 경쟁의식을 어떻게 다루는가 하는 것이다.

 형제간에 티격태격하는 것은 지극히 자연스러운 일이다. 그러나 아이들이 부모가 개입해야 할 정도로 서로 다른 욕구를 가지고 있거나 또 형제간의 경쟁심이 강한 경우 문제가 발생한다.

 이때에도 팀 플레이 방식이 큰 효과를 거둘 수 있었다.

 뉴솜 씨 부부는 아이가 둘이다. 열네 살인 마크는 학교에서 우수한 성적을 거두고 있었다. 그러나 아홉 살 트레이는 책을 읽는 능력에 문제가 있었다. 뉴솜 부인은 첫 상담에서 걱정스럽고 혼란스런 모습으로 마크가 자기와 남편이 학교 성적에 대해 취하는 태도에 심하게 불평한다고 걱정을 했다.

 물론 성적은 트레이 쪽이 훨씬 나빴지만, 솔직히 부부는 트레이는 낙제만 하지 않으면 된다는 생각을 가지고 있었다. 하지만 트레이와는 달리 학습 장애가 없는 마크에게는 언제나 좋은 성적을 기대했다. 마크는 그것이 공정하지 못하다고 생각했다.

 나의 제안대로 뉴솜 씨 부부는 마크를 앞혀 놓고 트레이가 겪고 있는 독서 장애에 대해서 설명을 했다. 자기의 잘못도 아닌데 비난을 받는 것이 마크에게는 더 납득하기 어려울 것이라는 점도 감안해서 마크의 생각이 잘못이라는 느낌을 받지 않도록 조심스럽게 말했다. 트레이가 자신에게 실망하지 않고 최선을 다해 얻은 성적에 대해 자부심을 느낄 수 있도록 엄마, 아빠가 노력하는 데 형인 마크의 도움이 필요하다는 말도 덧붙였다.

자신도 집안의 문제 해결 과정에 개입되었다는 사실이 마크의 마음을 움직였다. 문제 해결에 뭔가 보탬이 되는 가치 있는 존재로서의 자신을 발견할 수 있었기 때문이었다. 불공평하다고 생각했던 마음은 이미 사라져 버렸고, 심지어 트레이의 숙제까지 도와주기 시작한 것이다.

협조적인 팀 플레이 강조 방식은 좀더 사려 깊은 노력을 필요로 한다. 그러나 거기서 얻을 수 있는 커다란 보상은 이러한 노력을 충분히 가치 있는 것으로 만들어준다.

이 방식을 적용해본 부모들은 아이들의 태도와 협조 정신이 몰라볼 정도로 향상되는 것에 놀라고 만다.

체 | 크 | 포 | 인 | 트

편 가르기

- '부모 대 자녀'와 같은 사고방식은 가족간의 불필요한 긴장과 힘겨루기, 욕구불만을 낳는다.
- 가족회의를 통해 보다 협조적이고 효과적인 자녀양육 기술을 연마할 수 있다.
- 가족회의를 효과적으로 운영하기 위한 지침은 다음과 같다.
  - 가족회의는 규칙적으로 정해진 시간에 열어야 한다.
  - 열린 대화를 북돋아주어야 한다.
  - 가족 구성원 모두 발언할 기회를 가져야 한다.
  - 아이들에게 먼저 발언할 기회를 주어야 한다.
  - 가족회의에서 이루어진 합의사항은 다음 회의 때까지 변경해서는 안된다.
  - 어떤 문제에 대해서나 일단 만장일치가 이루어지도록 노력한다. 만약 불가능할 경우 부모가 최종 결정권을 갖도록 한다.

일곱 번째 실수
파괴적인 벌주기

화가 난 상태에서 벌을 주지 마라
벌을 줄 때는 적절한 시기를 골라라
비난하지 마라
실행 가능한 벌을 줘라
선택의 기회를 줘라
처벌의 목적은 교훈을 주는 것이다

 어느 가정이나 어쩔 수 없이 자녀들에게 벌을 주게 되는 경우가 있다. 다른 경우와 마찬가지로 이때에도 부모는 확실한 행동 계획을 가지고 있어야 한다. 그렇지 않으면 실수를 저지르게 되고 이런 실수는 벌의 효과를 반감시키고, 나아가 자녀들의 자의식에 심각한 타격을 주게 된다.

화가 난 상태에서 벌을 주지 마라

 화가 나 있을 때 자녀들에게 벌을 주려고 하는 것은 가장 해로운 영향을 주는 실수 중의 하나이다.
 제니와 그 엄마의 예를 들어보자.
 제니 엄마는 최근에 이혼을 하여 하루 종일 일을 나가야 했다. 그 결과, 그녀는 제니가 학교에서 집에 돌아오면 집안 일을 도와주기를 원했다. 제니는 그렇게 하겠다고 약속했다.

그러나 제니 엄마가 집에 돌아오면 제니가 일을 다 마치지 않은 채 친구와 전화통화를 하고 있는 경우가 종종 있었다. 일과 귀갓길 교통에 지친 제니 엄마는 그 광경을 보면 으레 화가 나서 잔소리를 해댔고 곧 모녀간의 고함 소리로 집안이 시끄러워지곤 했다.

두 모녀를 상담실에서 만났을 때 두 사람은 서로 화가 나서 소파의 양쪽 끝에 따로 앉아 있을 정도였다.

모녀의 문제점은 주로 시간이 서로 잘 맞지 않아서 발생한 것 같아 보였다. 제니 엄마는 집에 돌아왔을 때 으레 제니가 맡은 일을 다 해놓지 않았을 거라고 생각하기 시작했고, 그 결과 현관문을 열고 들어오기 전부터 마음속이 부글부글 끓어오르곤 했다.

그 결과 제니가 일을 제대로 다 하지 않았다는 것을 확인한 즉시 제니 엄마는 화를 폭발시켰고 덩달아 제니도 화가 나게 만들곤 했던 것이다.

이런 파괴적인 방법 대신 제니 엄마에게 집에 돌아왔을 때 제니가 맡은 일이 그 다음날이 되어서야 끝날 수 있을 것이라고 편안히 생각해보라고 했다.

일이 미처 완료되지 않았다는 사실을 받아들일 수 있다면 불같이 화를 내서 딸과 전쟁 상태로 들어가는 것을 피할 수 있을 것이기 때문이었다.

   제니 엄마에게 모녀가 둘 다 차분하고 덜 자기방어적인 상태에서 '나중에' 그 문제를 거론하도록 처방을 내려주었다.
   내 말에 동의를 한 제니 엄마는 그 다음 주에 제니와 다음과 같은 이야기를 나누었다.

> 엄마 : 제니, 네가 하고 있는 집안일에 대해 이야기를 좀 해야 할 것 같다. 우선, 난 매일 집에 돌아왔을 때 네가 할 일이 제대로 끝마쳐져 있지 않은 것을 보고 화를 내는 게 정말 싫다는 걸 알아주었으면 한다. 화를 내는 것 그 자체가 엄마는 언짢고, 너도 역시 마찬가지일 거라고 생각한다.
>
> 제니 : 엄마는 정말 화를 너무 잘 내요. 엄마가 하루 종일 일을 하고, 그래서 내가 엄마 일을 도와야 한다는 것은 알아요. 나도 정말 돕고 싶어요. 하지만 나도 하루 종일 공부를 하고 나면 좀 쉬어야 할 시간이 필요해요. 친구들이 전화를 하면 통화를 하고 있을 수밖에 없잖아요. 그러다 보면 어느 순간 엄마가 현관에 서서 고함을 치는 거예요.
>
> 엄마 : 너에게도 휴식 시간이 필요하다는 걸 미처 생각하지 못한 것 같구나. 얘, 이러면 어떨까? 네가 집에 돌아오면 냉동고에서 저녁거리를 꺼내놓고 세탁을 시작하는 거야. 그런 다음 네 시간을 좀

갖고. 그리고는 내가 돌아와서 함께 저녁을 만들고 세탁을 마치면 어떨까?
제니 : 다른 일들은 어떻게 하고요?
엄마 : 토요일 아침까지 미뤄두면 되지 않겠니? 아침에 일어나서 우리 둘이 함께 하면 빨리 해치워버릴 수 있을 거야. 어때?
제니 : 멋져요, 엄마!

벌을 줄 때는 적절한 시기를 골라라

 벌의 효과가 성공적인지 아닌지를 결정하는 주요 요인들은 여러 가지가 있다. 제니와 제니 엄마의 경우에서 보는 바와 같이 가장 중요한 것은 적절한 시기이다. 벌을 주어야 하는 경우 대부분이 화가 나 있는 상태라는 점에서 특히 중요하다.

 감정이 격해졌을 때 대부분의 사람들은 '심리적인 장벽'이 높아지게 되며, 당면한 문제 자체의 해결책을 모색하는 것보다 자기를 방어하고 상대방에게 반격을 가하는 데 더 많은 시간을 쏟는 법이다.

 감정 상태가 보다 안정적일 때 문제점을 거론하는 것이 보다 긍정적인 결과를 얻게 될 가능성이 훨씬 커진다. 감정이

가라앉은 시점인 주말에 문제점을 거론함으로써 제니와 제니 엄마는 상대방의 말을 경청하고 적절한 대응을 할 수 있었던 것이다. 그렇게 해서 가능한 해결책을 함께 찾아낼 수 있었다.

자녀들의 잘못된 행동을 보면 가능한 한 즉시 지적을 하는 것이 최선일 때도 있지만 그렇게 할 수 없는 경우도 많다. 그럴 경우 이런 식으로 자녀들에게 말하는 것이 가장 좋다.

"지금 아빠는 몹시 화가 나 있단다. 그렇지만 화를 가라앉히고 이 문제를 생각해보마. 이따 저녁에 이야기하자꾸나."

열네 살짜리 아들을 둔 앤이 상담을 하러 왔다.

벌을 주거나 훈계를 하려고 할 때마다 아들이 말대답을 하려 한다는 것이 그녀의 걱정거리였다. 두 차례 상담을 하고 나자 문제의 원인을 확실히 파악할 수 있었다.

그녀는 아들의 친구들 앞에서 아들을 훈계하려고 했던 것이다. 열네 살짜리 사내아이에게는 친구들이 커다란 의미를 갖는다. 그녀의 아들은 어렸을 때보다 자주 친구들을 데려와서 비디오 게임을 하거나 함께 밤을 새우곤 했다. 십대 초반의 자연스런 행동인 것이다.

문제는 앤이 아들이 해야 할 일을 안 했거나 옷가지를 바닥에 그냥 떨어뜨려 놓은 것을 보면 그 즉시 아들에게 쫓아가 훈계를 한다는 것이었다. 친구들 앞에서 체면을 세우기 위해 아들은 엄마에게 대들거나, 친구들이 재미있어 할 만큼 투덜거리곤 했다.

이 문제는 앤이 적절한 시간을 골라 아들을 훈계하는 법을 배우면서 곧 해결되었다. 그녀는 아들의 친구들이 돌아간 다음 아들에게 문제가 있는 행동에 대해 말을 했다. 그녀는 아들이 이전의 반항적인 태도에서 벗어나 훨씬 협조적으로 변하는 것을 발견할 수 있었다. 그녀는 적절한 시점 선택의 비법을 배웠던 것이다.

비난하지 마라

화가 많이 난 상태에서 벌을 줄 때 빚어질 수 있는 부작용은 여러 가지가 있다. 대화를 단절시키고 마찰을 심화시키는 것 외에 마음에 없던 말을 뱉어내게 되기도 한다. 화가 나서 내뱉은 날카로운 말로 입은 상처는 생각보다도 더 오랜 시간 동안 마음속의 상처로 남아 있게 된다.

화가 났거나 속이 상했을 때 거친 말을 하고 싶은 것은 자연스런 현상이다. 그러나 그것은 아이들에게 나쁜 영향을 줄 수가 있다.

뒤피 씨 가족은 이 교훈을 매우 힘들게 배운 경우이다.

열한 살인 패트릭은 항상 세 살 아래의 여동생과 티격태격했다. 누이동생은 오빠와 싸우게 되면 항상 아빠에게 달려가고자질을 하곤 했다. 아빠가 자기 편을 들어줄 것을 알았기 때문이었다.

아이들의 다툼 때문에 편안한 저녁시간을 침해당하는 것에 짜증이 난 뒤피 씨는 패트릭의 방으로 달려올라가 소리를 치곤 했다.

그가 큰 소리로 하는 말은 "도대체 왜 그러니? 아직도 동생이랑 다툴 정도로 철이 덜 들었니? 동생을 그냥 놔두라고 몇 번 말했니? 못 알아 듣겠니? 바보냐?" 등이었다.

뒤피 씨의 말은 2년 후 패트릭의 성적이 떨어지기 시작했을 때 그에게로 다시 되돌아왔다. 뒤피 씨의 다그침에 패트릭이 대답한 말은 뒤피 씨를 충분히 놀라게 했다.

"아빠는 언제나 내가 바보라고 하셨잖아요. 그런데 왜 놀라시는 거예요?"

분명히 뒤피 씨가 하던 말 때문에 패트릭의 성적이 떨어지지는 않았을 것이다. 그러나 패트릭의 대답이 이렇게 나온 것은 패트릭이 아버지가 자기를 어떻게 불렀는지에 대한 불만을 여러 해 동안 마음에 간직하고 있었다는 것을 반증하고 있다.

자기를 부정적으로 부르는 것을 여러 번 반복해서 들을 경우, 아이들은 자신이 진짜 그렇다고 믿게 된다.

상담을 하면서 얼마나 많은 성인들이 어렸을 때 들었던 부정적인 말들을 성인이 될 때까지 지니고 있는지를 알고 깜짝 놀랐다. 나이를 먹어서도 여전히 바보, 뚱뚱이, 못난이, 게으름뱅이와 같이 아이였을 때 부모들이 자기를 부르던 부정적인 별명에서 벗어나지 못하고 있었다.

그들은 의식 저 깊은 곳에 부정적인 낙인이 새겨진 채 살아가고 있는 것이다. 그 낙인이 어디에서 비롯된 것인지 의식하지도 못하는 채로 말이다.

실행 가능한 벌을 줘라

화가 나 있을 경우, 부모는 자녀들에게 너무 지나치고 실행하기 어려운 벌을 주는 경향이 있다. 나는 많은 어린이들이 부모의 처벌을 우습게 생각하는 것을 보아왔다. 그 이유는 부모조차 그 처벌을 엄격하게 지키는 것이 불가능하다는 것을 아이들이 알고 있기 때문이다.

제시카가 그 좋은 예이다.

제시카의 어머니는 학교 성적을 대단히 중요하게 생각하고 있었다. 항상 수가 아니면 안된다는 생각이었다. 문제는 제시카가 수에 우를 섞어서 받는 정도의 학생이라는 점이었다. 제시카가 우를 받아오는 날이면 어머니는 화가 나서 벌로 다음 시험 때까지 외출금지를 시키곤 했다.

하지만 제시카는 그 처벌에 별로 신경 쓰지 않았다. 왜냐하면 엄마가 일관성 있게 그 벌을 주지 않을 것이라는 사실을 잘 알고 있기 때문이었다. 댄스 파티, 학교 행사 등 엄마에게 예외를 인정받을 일은 수없이 많았고, 결국 엄마가 먼저 그 벌을 거두어들일 터였다.

나는 학교에서 우를 받았다고 학생에게 외출금지를 내리는 것이 타당하다고 생각하지는 않는다. 그러나 만약 그 어머니가 진정으로 아이에게 벌을 내려야 한다고 생각했다면 쉽사리 예외가 인정되지 않는, 간단하고 이행하기 쉬운 벌을 내렸어야 한다.

제시카의 어머니는 언제나 화가 난 상태에서 벌을 주었기 때문에 보다 효과적인 처벌 방법을 생각하기가 어려웠던 것이다. 먼저 화를 가라앉히고 좀더 차분해졌을 때 보다 효과적인 방법을 생각하는 것이 좋다.

선택의 기회를 줘라

벌을 줄 때 고려해야 할 또 다른 중요 요인은 선택의 기회를 주는 것이다.

이 방식은 아이들에게 자신이 상황을 통제한다는 느낌을 주며 대항하거나 반항하려는 충동을 완화시켜 준다. 부모가 아이들에게 선택의 기회를 주고 기다려주면 아이들은 때로 최선의 선택을 하곤 한다.

마이크와 그의 열여섯 살 먹은 아들 데이비드 사이에 있었던 일을 보면서 적절한 시기와 선택의 기회를 주는 방법을 활용한 훌륭한 본보기를 찾아볼 수 있다.

데이비드는 토요일에 귀가 시간이 정해져 있는데도 불구하고 계속 귀가가 늦어지고 있었다. 마이크는 데이비드를 기다리면서 다른 방법을 택하기로 했다. 전에는 문 옆에 서서 데이비드를 기다리면서 화를 키우곤 했었다. 아버지가 화를 내리라는 것을 아는 데이비드는 집이 가까워질수록 신경이 곤두서곤 했었다. 현관문을 여는 즉시 데이비드와 아버지는 화가 나서 큰 소리로 설전을 벌이곤 했었다.

이번에 마이크는 다른 방법을 써보기로 했다. 데이비드가 돌아왔을 때 마이크는 아무 말 없이 귀가 시간을 확인하고는 위층으로 올라와 침실로 들어갔다.

다음날 아침 화가 가라앉은 상태에서 마이크는 아들에게 선택권을 주었다. 다음 주 토요일에 귀가 시간을 지켜 돌아오거나 아니면 집에 있거나 둘 중 한 가지를 선택하라는 것이었다. 데이비드는 자기의 선택에 따라 행동을 하면 되었다.

그렇게 문제는 해결되었고 토요일 밤의 열기는 옛날 이야기가 되었다. 데이비드는 자신이 상황을 결정한다는 느낌을 가지고 아버지가 정한 귀가 시간에 더 충실해진 것이다.

처벌의 목적은 교훈을 주는 것이다

 자녀에게 벌주는 것을 즐기는 부모는 없다. 정상적인 성인이라면 화가 난 상태나 잘못된 시점, 혹은 너무 가혹한 형태로 주는 벌이 얼마나 부정적인 영향을 미치는지를 잘 알고 있다. 그러나 적절하기만 하다면 벌을 줌으로써 아이들에게 자신의 행동의 결과에 대한 가르침을 줄 수 있는 것이다.

 자녀를 기르면서 명심해야 할 가장 중요한 점은, 우리의 목적은 아이들이 부모가 바라는 바를 즉각즉각 따르도록 하는 것(비록 기분 좋은 일이기는 하지만)이 아니라 그들을 독립적이며 책임감 있고 행복한 성인으로 만드는 것이라는 사실이다.

 자녀를 교육하는 목적은 자녀에게 이 세상을 지혜롭게 살아가는 법을 가르쳐주는 것이기 때문에 처벌은 그것을 통해 자기의 행동이 어떻게 나빴는지를 일깨워줄 수 있도록 내려져야 한다.

 열여섯 살의 아만다는 부모의 차를 자주 빌려서 외출을 하곤 했다. 그녀의 부모는 언제나 기꺼이 차를 빌려주었다. 다만 한 가지 문제는 아만다가 차를 쓴 다음 휘발유를 보충하지 않고 그냥 집으로 가지고 온다는 것이었다. 그래서 그녀의 부모들은 종종 곤란에 처하곤 했다. 아침에 주유소에 들르느라 직장에 지각하는 일이 발생했기 때문이었다.

상의 끝에 아만다의 부모는 그녀가 차를 쓰고 휘발유를 보충하지 않고 돌아오는 날은 그로부터 이틀간 자동차 사용을 금지시키기로 결정했다. 그러고는 아만다에게 그 사실을 통보했다. 물론 아만다는 이따금씩 휘발유 보충하는 것을 잊어버리곤 했고, 그녀의 부모는 약속에 따라 이틀 동안 자동차 열쇠를 회수해버렸다.

오래지 않아 아만다는 차를 이용한 다음 휘발유를 보충해야 한다는 사실을 잊지 않게 되었다.

아만다의 부모는 두 가지를 얻었다. 우선 하나는 아만다의 버릇을 고쳐서 아침에 지각하지 않게 된 것이다. 다음 하나는 아만다에게 귀중한 교훈을 준 것이다. 휘발유를 채우지 않으면 차는 움직이지 않는다는 사실 말이다.

벌을 줄 때 마지막으로 명심해야 할 것은 벌을 주는 목적은 어떤 특정한 행동을 바꾸려는 것이지 누가 옳고 그르다는 것을 입증하는 것이 아니라는 점이다. 이처럼 건설적인 접근 방식이 문제가 된 행동을 빨리 바꾸어 주고, 불필요한 마찰을 최소화하면서 삶에 대한 소중한 교훈을 가르쳐준다.

체|크|포|인|트

파괴적인 벌주기

- 화가 난 상태에서 벌을 주지 마라.
- 벌을 줄 때는 적절한 시기를 골라라.
- 실행 가능한 벌을 줘라.
- 선택의 기회를 줘라.
- 처벌의 목적은 교훈을 주는 것이다.
- 처벌의 목적은 누가 옳고 그른가를 따지는 것이 아니다. 이러한 접근 방식은 신경전을 유발하고 자녀의 수치심을 자극한다.
- 자녀를 벌주는 것은 잘못된 행동을 고치기 위해서이다.

여덟 번째 실수

말 따로 행동 따로

대중매체의 영향
말보다 행동이 중요하다

 이 책의 앞부분에서 나는 딸아이 린지가 네 살 때부터 침대를 정돈하는 법을 어떻게 배웠는지를 설명한 바 있다. 시간이 지날수록 린지는 더욱 훌륭하게 잠자리를 정돈했고, 나도 규칙적으로 칭찬해주는 것을 잊지 않았다.

 나중에는 다른 사람이 린지의 침대를 정돈하려면 린지의 허락을 받아야 할 정도였다. 잠자리 정돈은 아주 잘 진행되고 있었다. 적어도 나는 그렇게 생각했다.

 린지가 일곱 살쯤 되었을 때 나는 린지의 잠자리 정돈이 일관성 있게 되고 있지 않다는 것을 알게 되었다. 그래서 그것에 대해 말하자 린지는 나를 똑바로 보면서 이렇게 말했다.

 "하지만, 아빠. 아빠도 잠자리 정돈을 하시지 않잖아요."

 나는 매우 놀랐다. 그렇지만 생각해보니 린지의 말은 하나도 틀린 것이 없었다. 그 당시 몇 달간 나는 아침에 평소보다 일찍 직장에 나가느라 줄곧 잠자리 정돈을 하지 않고 있었다. 그간 열심히 준비해두었던 훌륭한 자녀 교육 기술이 모두 허사가 되어버린 것이다. 훌륭한 예가 되지 못했다는 것은 그렇게 치명적인 것이었다.

내가 다시 잠자리 정돈을 시작하자 린지도 곧바로 잠자리 정돈을 다시 하기 시작했다. 나는 가장 기본적인, 그러나 강력한 자녀 교육의 도구를 잊고 있었던 것이다. 그것은 바로 훌륭한 본보기이다.

부모들은 자녀들이 부모를 우러러보고 사랑과 존경을 나타내기를 바란다. 부모들이 성공적으로 자녀들의 존경을 받는다면 자녀들이 부모의 행동을 모방하는 것은 지극히 자연스런 일이다.

부모의 행동이 자녀에게 지대한 영향을 미치는 것이라면 부모들이 훌륭한 본보기를 보여야 하는 것은 지극히 당연한 일이다.

만약 차를 몰면서 부모가 욕을 했다면 자녀가 장난감이 망가졌을 때 입에 욕설을 담는 것을 듣고도 놀라지 말아야 할 것이다. 부모가 전화를 하면서 약속을 하지 않으려고 거짓말을 둘러댄다면 아이가 꽃병을 깬 다음 거짓말을 할 때 놀라서도 안될 것이다. 부모는 흡연과 음주를 하면서 자녀에게는 못 하게 할 경우 그 결과가 어떨 것이라고 생각되는가?

반대로, 우리는 아이들이 따라주기를 바라는 방향으로 행동함으로써 자녀들의 삶에 강력하고 긍정적인 영향을 줄 수 있다. 우리의 기본적인 신념과 가치—우리의 개성을 규정해 주는—는 우리의 매일매일의 행동을 통해 아이들에게 전해진다. 우리의 행동이 우리의 말보다 더 많은 영향을 준다.

아이들은 본능적으로 말보다 행동이 더 많은 것을 이야기해 준다는 사실을 알고 있는 것처럼 보인다. 아이들은 항상 부모의 말과 행동 사이의 모순을 파악하고 있다.

조금 깊이 생각해 보면, 아이들의 문제점 중 상당 부분이 배운 것과 실제로 본 것의 차이에서 느끼게 되는 혼란에서 기인한다는 것을 알 수 있다.

한 아버지가 들려준 에피소드가 있다.

그 사람은 산책을 나갔다가 딸 스테파니가 자기보다 어린 사촌과 놀고 있는 것을 보았다. 아이들은 곤충을 잡아서 놀고 있었다. 스테파니는 어린 사촌에게 그 곤충들을 조심스럽게 가지고 논 다음 나중에 다시 놓아줄 수 있도록 하라고 타이르고 있었다.

나중에 아버지는 스테파니에게 어디에서 그렇게 동물의 생명을 소중하게 생각해주는 것을 배웠냐고 물어보았다. 어린 소녀는 아빠를 이상하다는 듯이 쳐다보면서 대답했다.

"아빠한테서 배웠어요. 아빠는 나비를 잡으면 항상 그대로 놓아주었잖아요."

그는 정말 깜짝 놀랐다. 그가 무심코 했던 행동을 보고 어린 딸이 다른 생명체의 생명을 소중히 하는 마음을 배웠던 것이다. 또한 그녀는 아빠에게 중요한 사실을 일깨워준 것이다. 부모들은 항상 자녀들에게 무언가를 가르쳐주고 있는 것이다. 그것이 좋은 것이든 나쁜 것이든.

이것은 중요한 교훈이다.

이 책에서 가르쳐주고 있는 여러 가지 자녀 교육 기술을 실천함으로써 우리는 단순히 자녀들의 행동을 좀더 나은 방향으로 고쳐주기만 하는 것이 아니라, 아이들에게 인생과 성격에 대해 값진 가르침을 주게 되는 것이다.

팀 플레이를 강조하는 교육을 받고 자란 아이는 보다 협조적인 사람이 된다. 부모가 타인의 감정과 생각을 존중하는 것을 곁에서 보고 자란 아이는 자신도 그렇게 행동하기가 쉽다. 부모가 자기의 의견을 경청해주었다면 아이도 부모의 말을 경청하게 될 것이다.

똑같은 예가 바로 열다섯 살 소녀 데니스의 경우이다. 데니스가 어렸을 때 양친은 이혼을 했고 지금 그녀는 비서로 일하고 있는 엄마와 함께 살고 있다.

데니스는 엄마와 함께 나를 찾아왔는데 데니스 엄마의 불만은 데니스가 입이 거칠고 말을 듣지 않는다는 것이었다. 그녀의 말에 따르면 데니스는 자신이 해야 할 일을 하지 않고, 엄마가 만나지 말라고 한 친구들과 어울려 다니고, 정해진 귀가 시간이 지날 때까지 밖에서 돌아다니기 일쑤였다.

그런 정보를 엄마에게서 들은 다음 나는 데니스와 단둘이서

면담을 가졌다. 데니스는 욕구불만이 심하고 자기방어적인 소녀처럼 보였다. 데니스는 화난 어조로 자기가 크니까 엄마가 자기와 함께 하는 시간을 갖지 않는다고 불평을 했다.

데니스의 엄마는 정기적으로 데이트를 했고, 데니스는 엄마가 자기와 함께 있는 시간보다 밖에서 하는 데이트를 더 중요하게 생각한다고 굳게 믿는 것 같았다.

"왜 나만 엄마 말을 들어야 해요? 엄마는 항상 엄마 남자친구 생각만 하고 나보다 데이트하는 것을 더 중요하게 생각하는데요."

이렇게 생각하는 데니스의 느낌이 사실과 많이 다르지 않다는 것이 드러났다.

데니스의 엄마는 항상 적극적으로 사회생활을 했고 자주 집을 비웠다. 집에 있을 때에도 데니스와 함께 시간을 보내기 보다는 전화기에 매달려 외출 약속을 하거나 친구와 수다를 떨곤 했다.

그런 그녀의 행동이 그녀의 딸에게 전해주는 의미는 분명했다. 그녀에게 있어 데니스의 입장은 그렇게 중요한 것이 아니라는 것이었다.

이제 어느 정도 나이가 들자 데니스도 자신의 메시지를 엄마에게 보내기 시작한 셈이었다. 엄마에게서 배운 행동을 그대로 되풀이하면서 데니스는 이렇게 외치고 있었다.

"친구와 내 욕구가 엄마보다 더 중요해요."

대중매체의 영향

상담을 하러 오는 부모들 중에는 다양한 형태의 대중매체들이 어린이들에게 부정적인 영향을 미칠 가능성에 대하여 질문을 하는 경우가 있다.

텔레비전과 영화에서 묘사되는 섹스와 폭력에 대해 부모들이 우려하는 것은 이해할 수 있다. 부모들은 또 유행가 가사나 만화가 아이들을 폭력 지향적으로 유도하거나 약물이나 알코올을 복용하도록 하지 않을지 걱정하고 있다.

이러한 우려에 관한 연구는 수없이 많았다. 연구의 대부분은 대중매체가 어린이와 십대에게 미치는 영향은 정말 지대하다고 밝히고 있다. 성장하면서 자신의 정체성과 가치 체계를 찾기 시작하는 아이들, 특히 십대들은 자기 또래나 대중매체와 같은 집 밖의 존재로부터 정보를 구하기 시작한다. 불행히도 이러한 정보 탐색 과정에서 아이들은 부정적인 가치나 행동 양식도 함께 섭취하게 된다.

그러나 여기 반가운 소식이 있다. 다른 심각한 문제가 없을 경우 대부분의 십대들은 호기심 때문에 새로운 가치관, 신념 체계, 행동 양식들을 접해보려 하지만 결국은 어려서 부모로부터 배운 것으로 되돌아가게 된다는 것이다. 만약 부모가 능동적인 말과 행동으로 아이들에게 확고한 가치 체계를 가르쳤을 경우, 대부분의 자녀들은 성인이 되려는 시기에 그런 가치 체계를 자기의 것으로 확실히 받아들이게 된다.

현실적인 차원에서 부모들은 외부의 영향에 대해 어떻게 대처해야 할지를 알고 싶어한다. 아이의 텔레비전 시청을 제한해야 할까? 특정한 장르의 음악만을 듣도록 해야 하는 것일까?

나는 나쁜 영향으로부터 아이들을 철저히 보호해야 한다고 믿는 쪽이다. 예를 들어, 다섯 살배기 아이에게는 미성년자 관람불가 수준의 폭력이나 성행위 장면은 보지 못하도록 막아야 한다.

그러나 아이들이나 십대들에게도 그 나이 수준에 걸맞는 내용은 허용돼야 한다. 비록 그것이 논란의 대상이 될 수 있는 성격의 것이라 하더라도 부모의 적절한 지도가 가능하다면 봐도 무방하다고 본다.

부모로서 우리는 아이들을 모든 부정적인 영향으로부터 무조건 보호하려고 해서는 안된다. 대신 우리는 살면서 문제가 발생할 때 그것에 잘 대처할 수 있도록 하는 가치 체계와 기술을 아이들이 개발하도록 도와주어야 하는 것이다. 상충하는 상황과 관념을 평가하고 대처할 수 있는 전략을 아이들에게 가르쳐주는 것도 중요하다. 왜냐하면 적합하지 않은 내용을 아이들이 접하지 못하도록 부모가 항상 감시한다는 것이 현실적으로 불가능하기 때문이다.

자녀들에게 상황을 평가할 수 있는 능력은 가르쳐주지 않은 채 무리하게 보호만 하려 드는 부모는 자녀들이 친구들의 집에서 금지된 내용을 접하고 올 경우 어찌할 바를 모르게 된다. 그럴 경우 친구의 집에서 본 내용을 집에 돌아와 부모와 함께 토론하기를 원하는 자녀로 만드는 것이 바람직하지 않을까?

이 책의 앞부분에서 이야기한 것처럼 중요한 것은 자녀들의 관심사에 대해 부모와 열린 대화를 가질 수 있어야 한다는 것이다. 그러한 관계는 강압적으로 이루어지는 것이 아니라 자녀와 함께 키워나가는 것이다.

열린 대화만이 어떤 내용이든 자녀들에게 지침을 줄 수 있고, 나아가 자녀들이 성인이 된 후에 도움이 될 수 있는 가치체계와 신념을 심어줄 수 있는 것이다.

상담을 하는 부모들 중 대다수에게서 이러한 말이 확인되고 있다.

어느 상심한 부모가 열다섯 살인 아들 브렌트와 항상 전쟁을 벌이고 있다고 고민을 토로한 적이 있다. 그들은 자신들이 싫어하는 브렌트의 친구들과 브렌트가 좋아하는 노래 가사 등이 아들에게 마약, 섹스, 범법행위 따위를 부추기지 않을까 걱정을 많이 하고 있었다.

예상한 대로, 브렌트는 자기의 행동을 규제하려는 부모에게 저항을 하고 있었다. 브렌트는 부모가 자기를 신뢰하지 않는다며 불만을 표시했고 자기는 스스로 친구를 선택하고 싶고 또 원하는 음악을 듣겠다고 고집했다.

그러한 상황은 브렌트의 부모가 브렌트의 방에서 발견한 CD를 성적으로 유해한 내용을 담고 있다는 이유로 압수하려고 하자 위기 상황으로까지 발전했다.

브렌트의 부모가 택한 방식은 갈등과 욕구불만, 그리고 불필요한 줄다리기를 유발하는 것이었다. 브렌트가 어떤 CD를 가지고 있느냐에 초점을 맞춤으로써 그들의 의도와는 달리 아들과 치열한 신경전을 벌일 빌미를 만들게 되었다. 보다 중요한 문제인 대화, 섹스, 가치판단 등은 아들의 권리 문제에 가려져 버리게 된 것이었다.

내 제안을 마지못해 받아들인 브렌트의 부모는 브렌트가 원하는 음악을 듣도록 허락해주기로 했다. 또한 브렌트와 무릎을 맞대고 마주앉아 섹스, 마약, 가치관에 대해 토론을 갖기로 했다. 그 대화에는 브렌트의 친구, 음악 등은 언급하지 않고 다만 가치관과 선택에 대한 일반론만 이야기하기로 했다.

그렇게 몇 주가 지나자 브렌트는 그렇게 듣고 싶어하던 그 음악을 듣지 않게 되었다. 더 이상 흥밋거리가 아니었기 때문이었다. 브렌트는 그 음악을 진심으로 좋아한 적은 없었다는 말까지 했다. 단지 자기의 권리를 부모에게 보여주기 위하여 그 음악을 들을 권리를 주장했을 뿐이라는 것이었다.

그렇게 또 몇 주가 흘렀다. 브렌트의 부모는 기쁨에 들뜬 목소리로 얼마 전 브렌트가 먼저 말을 꺼낸 대화 내용에 대해서 자랑을 했다. 친구가 학교에서 마약을 하자고 하는데 어떻게 해야 할지를 브렌트가 물어왔다는 것이다.

전술을 바꿈으로써 브렌트의 부모는 여러 가지 중요한 행동을 몸소 보여준 것이다. 그들은 브렌트가 스스로 배우기를 원하며 브렌트가 올바른 판단을 할 것임을 믿는다는 것을 브렌트에게 보여주었다. 또한 브렌트가 잘 되기를 원하며 어떠한 문제와 마주치더라도 그것을 함께 기꺼이 상의할 생각이라는 것을 행동으로 보여준 것이다.

아이들은 스포츠 선수, 가수나 선생님, 심지어는 같은 또래마저도 숭배하는 경향이 있다. 또한 텔레비전이나 영화를 통해 전혀 다른 가치관이나 관점을 배우기도 한다. 그러나 의심할 여지없이 아이들의 가치관 형성이나 자아의 성장에 가장 커다란 영향을 미치는 것은 바로 부모의 행동이다.

말보다 행동이 중요하다

부모들은 매일 아이들에게 도덕과 가치관에 대한 메시지를 보내고 있다. 아이에게 무슨 말을 하든지 그 말보다는 행동이 훨씬 더 커다란 영향을 준다. 만약 아이에게 술을 마시는 것은 나쁘다고 말하는 아버지가 금요일마다 만취 상태로 집에 돌아온다면, 아이는 아버지의 말보다 그 행동에서 훨씬 더 확실한 메시지를 받게 될 것이다. 부모가 상습적으로 속도 위반을 하거나 탈세를 한다면, 아이는 그렇게 하면 나쁘다는 말보다 눈으로 본 것에서 더 많은 것을 배우게 된다.

우리가 타인을 대하는 태도에서도 아이들은 우리의 생각보다 더 많은 것을 배운다.

빈스 씨는 열여섯 살인 론의 아버지이다. 빈스 씨는 스트레스를 많이 받는 직업을 가지고 있었고 직장에서 많이 시달리는 편이었다. 그래서 늘 신경이 곤두선 채로 귀가하여 집안일이 제대로 안되어 있으면 아내에게 신경질을 내곤 했다.

그가 상담을 받으러 찾아왔을 때 그의 걱정은 아들이 자기에게 말대답을 한다는 것이었다.

우리가 친절과 관용으로 타인을 대한다면 그것은 아이들에게 우리가 인간 관계에 어떤 가치를 부여하고 있는지를 보여주는 것과 같다. 마찬가지로 우리가 다른 사람들을 인색하고 이기적으로 대한다면 아이들은 그와 유사한, 혹은 더욱 해로운 행동을 배우게 될 것이다.

우리가 원치 않는 약속을 피하기 위해 거짓말을 하거나 혹은 아이들을 시켜 엄마, 아빠가 안 계신다고 말하라고 한다면 이것은 나중에 아이들이 정직과 거짓 가운데 하나를 선택하여야 할 때 어떤 것을 고를지 미리 청사진을 그려주는 것이나 마찬가지이다.

부모들은 항상 행동으로 아이들에게 가르치는 메시지를

의식해야 한다. 우리가 오늘 행동으로 보여주는 가치관은 우리의 자녀들이 내일 실천하게 되는 행동의 거울인 것이다.

 자, 그렇다면 이제 동네 편의점 직원이 잘못해서 거스름돈을 많이 주었을 경우 어떻게 행동해야 할까?

체 | 크 | 포 | 인 | 트

말 따로 행동 따로

- 좋은 본보기를 보임으로써 아이들이 올바른 행동을 하도록 유도하라.

- 말보다 행동이 아이들에게 더 큰 영향을 준다.

- 부모들의 본보기는 아이들에게 긍정적일 수도 부정적일 수도 있다.

- 아이들과 십대들은 또래나 대중매체로부터 영향을 받을 수 있다. 그러나 대체로 부모가 가르치는 가치관과 행동 양식을 택한다.

아홉 번째 실수
특별한 필요사항을 간과하기

ADHD : 주의력 결핍 과잉 행동
학습 장애
아동 우울증
아동기의 공포와 근심
부모의 역할

 아이들은 다양한 감정을 경험하고 때로는 이상해 보이는 행동을 하기도 한다. 다행히 대부분의 그런 감정과 행동들은 아이들보다 많은 인생 경험을 쌓은 부모들의 올바른 지도에 의해 적절하게 처리될 수 있는 성질의 것들이다. 그러나 아이들을 다루는 사용설명서 같은 것은 있을 수 없으므로 부모들은 아이들의 어떤 행동이 정말 비정상적인 것이며, 특별한 관심과 외부 전문가의 도움이 필요한 것인지를 파악하는 데 종종 어려움을 겪곤 한다.

 아이들은 모두 놀랄 만큼 독창적이다. 각기 서로 다른 장점, 단점, 관심사, 재주 그리고 취약점을 가지고 있는 것이다. 삶의 경험과 타고난 성품이 함께 어우러져 아이들의 각기 다른 활동성, 수줍음, 자기 주장, 강인함, 기타 다른 개인적 특성을 만들어낸다.

 아이들이 성장함에 따라 부모들은 자녀의 독특한 개인적

특성을 더욱 뚜렷이 확인하게 된다. 그런 특성 중 일부는 긍정적인 것으로 잘 발전시켜야 한다. 한편 또 다른 특성은 잠재적으로 문제의 소지가 있을 수 있으므로 조기에 고쳐져야 한다. 이때 어떤 특성은 장려하고 어떤 특성은 고쳐주어야 하는지를 가려내는 것이 중요하다.

적극적이고 활동적인 어린이의 재능을 발달시키고 싶다면 스포츠에 몰두하게 하는 것이 좋다. 만약 아이가 음악에 관심을 보인다면 그 관심을 키워주어야 할 것이다. 그러나 조용하고 보다 지적인 활동을 선호하는 아이라면 스포츠나 웅변 같은 것은 가급적 멀리 하는 것이 좋을 것이다. 아니면 아이에게 지나친 스트레스가 될 수 있기 때문이다.

때때로 멀쩡한 아이가 장래 문젯거리가 될 수 있는 어떤 행동을 보이는 경우가 있는데, 이럴 때는 아이의 성향을 잘 알고 있는 부모가 그런 행동을 감지하고 그것을 고치기 위한 적절한 조치를 취해야 한다.

예를 들어 린지는 이따금씩 너무 다른 사람들의 비위를 맞추려 하는 성향을 드러내곤 했다. 린지가 온화한 성격이라는 것은 익히 알고 있었지만 타인의 의견에 너무 좌우될 필요는 없다는 것을 확실히 가르쳐주고 싶었다.

그래서 린지가 어느 날 수학에서 89점을 맞고 'A학점이 아니라는 이유' 때문에 속이 상해 집에 돌아왔을 때, 나는 즉시 나를 기쁘게 하는 것은 린지의 노력 그 자체이지 A학점을 받았는지의 여부가 아니라는 것을 분명히 말해주었다.

이따금 아이들은 보다 심각한 잠재적 문제점이 있다는 것을 보여주는 행동을 보이곤 한다. 부모들은 그러한 행동이 사소한 것인지, 아니면 보다 집중적인 특별한 관심과 관여를 필요로 하는 것인지를 구분하는 데 어려움을 겪는다.

이 경우 일반적인 의료 지식을 적용해보는 것이 도움이 될 수 있다.

아이의 어떤 행동이 지나치게 오래 지속되거나 정도가 지나치다고 느껴질 경우, 그 행동은 문제점이 있을 수 있다고 생각해야 한다. 만약 그런 행동이 아이의 일상적인 활동을 저해하는 것이라면 보다 심각한 문제점이 내재함을 보여주는 것일 수 있다.

나는 진료 과정에서 특별한 관심을 필요로 하는 아동들을 많이 보아왔다. 그 중 많은 경우가 만약 좀더 일찍 치료가 이루어졌다면 훨씬 상태가 좋았을 아이들이었다. 어떤 아동들은 상담소를 찾아왔을 때 자존심 측면에서 이미 심각한 문제점을 가지고 있었고 자기의 능력에 대한 불신감을 보이고 있었다.

나는 그러한 문제점을 파악하여 미리 적절한 처치를 하지 못한 것에 대해 부모들을 탓할 생각은 결코 없다. 대부분의 경우 부모들은 나름대로 최선을 다했으나 단지 아이들에게 적절한 조치가 필요하다는 것을 알 도리가 없었을 뿐이다.

그 부모들에게는 문제점을 파악하고 적절한 도움을 주기에 유용한 정보에 접근하는 길이 없었던 것이다.

어린이에게 일어날 수 있는 모든 특정한 문제점들을 책 몇 페이지에 전부 풀어낸다는 것은 불가능하다. 그러나 나는 가장 일반적인 문제 몇 가지의 개요를 소개함으로써 부모들이 아이들의 문제점을 파악하고 적절한 조치를 취할 수 있도록 하고자 한다.

다음은 아동들과 사춘기 청소년을 진료하면서 경험한 가장 일반적인 문제들이다.

ADHD : 주의력 결핍 과잉 행동

토미는 아기 때부터 소리를 지르고 신경질을 부리기 시작했다. 몇 년이 지난 후에도 보통의 아이들과는 달리 '미운 네 살'에서 벗어나지 못했다. 학교에 입학을 한 후에는 제자리에 가만히 앉아 있지 못했고 또 아무 때나 불쑥불쑥 대답을 하곤 했다. 게다가 항상 선생님과 사이가 좋지 않았고 또래 친구들과도 자주 다툼을 벌였다.

다이앤은 그동안 집이나 학교에서 문제성 있는 행동을 보인 적이 없었다. 선생님도 다이앤을 좋아하는 것 같았고 학업 성적도 좋았다. 그러나 다이앤이 3학년이 되자 선생님들은 그녀가 수업중에 딴 생각을 하고 주의를 집중하지 않는다고 불평을 하기 시작했다. 4학년이 되자 다이앤은 성적이 급격히 내려갔고 과제를 완수하지 못하는 경우가 많아졌다. 부모들이 숙제를 하라고 시키는 것도 점점 힘들어졌다.

토미와 다이앤 모두 ADHD를 겪고 있다. 이 증상은 미국 어린이 5~10%가 겪고 있으며 아동과 사춘기 청소년들의 가장 흔한 질환 중의 하나이다. 여자아이보다는 남자아이들에게서 3배 이상 더 많이 발생한다.

아동들이 겪는 ADHD의 증상은 한두 가지 커다란 특징이 있다. 주의 산만과 행동 과잉, 충동적 성향이 그것이다.

토미의 상태는 지나친 행동 과잉과 충동성으로 특징지을 수 있다. 이때의 토미의 행동은 너무 혼란스러워서 행동에 문제가 있음을 발견하기가 상대적으로 쉬웠다.

반면에 다이앤의 행동은 주의력과 집중력에 문제가 있는 상태였다. 이러한 문제점은 좀더 미묘한 것이어서 조기에 발견하기가 어려웠다.

일반적으로, ADHD 증상을 가진 어린이들은 시청각적인 자극을 소화해내는 데 어려움을 겪고 있으며 그런 이유로 인해 주의 집중이 힘들다. 이런 증상은 수업을 들을 때 더욱 두드러진다.

생각해 보면, 교실은 주의를 산만하게 만드는 것으로 가득 찬 장소이다. 학생들, 선생님의 지시 사항, 벨 소리, 교내 방송, 책상 움직이는 소리, 복도에서의 소음 따위들 말이다.

주의 집중에 문제가 있는 아동은 종종 혼란에 빠져 학교에서 해야 할 일을 완수하지 못하곤 한다. 만약 한 번에 한 가지 일 이상을 해야 되는 상황에 놓이게 되면 이런 아동들은 처음에 하던 일을 중간에 그만두고 옆길로 빠져버린다.

충동적이고 사고를 자주 저지르는 경향도 있다. 그리고 학업은 건성건성으로 하고 주어진 일을 정확하게 해내지 못한다.

이런 아동들의 특징으로는 친구를 사귈 때 단체의 또래들과 사귀기보다는 일대일로 더 사람을 잘 사귀는 경향을 보인다. 놀이나 단체행동에서 자기 차례를 지키는 데 서툴고 '두목 행세' 하기를 좋아한다. 단체로 일을 해야 하는 상황에서는 곧잘 싸움을 벌이거나 감정 폭발을 일으킨다.

어린 아이가 ADHD를 앓는다는 것은 본인에게 매우 힘든 일일 수 있다. 이런 아동들은 대체로 영리하기 때문에 집에서나 학교에서 마음먹은 것처럼 성과를 얻지 못할 때 다른 아이들보다 심한 좌절감을 느끼게 되기 때문이다. 배운 내용을 모두 이해하고 있는 데도 성적이 친구들보다 못한 경우를 상상해보면 이해가 될 것이다.

또 선생님께 "너는 언제나 열심히 하는 법이 없구나." 또는 "왜 그렇게 게으르니." 아니면 "집중을 해서 숙제만 제대로 내면 얼마나 좋겠니."와 같은 이야기를 항상 들어야 한다고 상상해보라.

집으로 돌아가면 또 학교에서의 일 때문에 야단을 맞아야 하는 아이, 그것이 바로 ADHD 아동인 것이다. 이런 상황이라면 자포자기 상태가 되는 것은 시간 문제이다.

많은 부모들이 반문한다.

"대다수 아이들이 이따금씩은 그런 증상을 보이는 게 보통 아닌가요?"

대답은 '그렇다'이다. 그러나 ADHD의 경우 이런 증상이 가끔 일어나는 것이 아니라 항상 일어난다. 이런 특징을 보이는 아동이 있다면 가능한 한 빨리 ADHD의 여부를 확인해보아야 한다. 만약 이런 어린이들이 적절한 치료를 받지 못한 채 오랫동안 방치될 경우, ADHD 증상의 어린이들은 좌절감과 함께 학업에 흥미를 잃어버릴 수도 있다. 그 결과 학업을 중도에서 포기해버릴 가능성이 상당히 높아지며 또 자아형성에 필요한 요소인 가족, 선생님, 친구들로부터의 긍정적인 관심을 확보하는 데 어려움을 겪게 된다. 결국 비정상적 성장이라는 문제를 안게 되는 것이다.

ADHD는 일반적으로 유전적인 신경학적 질환으로 여겨진다. 이 경우 부모에게 아이의 증상을 설명하면 부모들이 "나랑 증상이 똑같네요."라고 말하는 것을 자주 듣는다.

만약 자녀가 ADHD일지 모른다는 의심이 들면 전문가에게 아이를 진찰시켜야 한다. 그러나 불행하게도 혈액 검사나 소변 검사와 같이 ADHD 여부를 한 번에 판가름해주는 테스트는 없다. 주로 심리학자가 대상 아동의 이전 행동을 파악하고, 행동 관찰 및 특정한 진찰 테스트를 실시하여 ADHD 여부를 판단한다. 이때는 다양한 상황에서의 아이의 행동에 대한 종합적인 분석이 매우 중요하다. 따라서 부모, 선생님, 다른 의료 전문가로부터의 의견 및 정보 청취가 반드시 필요하다.

ADHD임이 판명되면 소아과, 소아정신과, 소아신경과와 협의하여 어떤 투약이 도움이 될지를 정한다. 가장 일반적으로 처방되는 약은 리탈린(Ritalin)과 같은 중추신경자극제로 아동들의 정신집중능력을 획기적으로 향상시킬 수 있다.

ADHD로 판명된 아동을 치료하는 데는 동기 부여, 사고의 조직화, 자신감 불어넣어 주기 등의 방법이 가장 효과적이다. 하던 일에 계속 집중하게 하고 또 올바르게 행동하면 항상 칭찬과 보상을 해주는 것이다.

올바른 행동을 한 순간을 포착하여 칭찬하기, 일관성 있게 다루기, 모범을 보이기 등 ADHD 아동들에게는 이 책의 앞부분에서 설명한 개념들의 중요성이 더욱 강조된다.

ADHD 아동을 가르치는 선생님들은 다음과 같은 조치를 통해 ADHD 아동을 도울 수 있다.

- 학급 내의 규율은 시범을 통해 명확하게 보여준다.
- 매일 수업 시간표와 과제를 교실에 게재한다.
- 시간표의 변경이 있을 경우 사전에 고지한다.

- ADHD 아동의 짝은 긍정적인 모델이 될 수 있는 아동으로 정한다.
- 아침 시간에 중요한 과제를 먼저 알려준다.
- 과제에 계속 주의를 집중하면 그에 대한 보상으로 휴식 시간을 준다.
- 관심을 끄는 활동과 그렇지 않은 활동을 적절히 혼합한다.
- 멀티미디어와 여러 감각을 함께 활용하는 학습 방법을 택한다.

ADHD 아동을 성공적으로 관리하기 위해서는 부모와 선생님, 관련 전문가의 주의 깊은 분석과 관여, 협조가 필요하다.

학습 장애

열네 살의 도리스는 같은 또래의 아이들과는 항상 어딘가가 달라보였다. 매우 수줍어하며 조용했고 다른 아이들에게 관심이 없었다. 새로운 것을 받아들이는 데 대한 거부감이 심했고, 학교에 가는 것을 항상 싫어했다. 책 읽기와 수학을 특히 싫어했는데 그 이유는 숫자나 단어가 모두 뒤범벅되어 있는 것 같이 느껴졌기 때문이다.

월도 역시 학업에 문제가 있었다. 월은 특히 남들 앞에서 이야기를 하거나 독후감을 발표하는 것을 싫어했다. 도리스와는 달리 국어나 수학을 이해하는 데는 아무런 어려움이 없었다. 대신 월은 자기가 알고 있는 것을 남에게 전달하는 것이 힘든 것 같았다. 수필을 쓰거나 남들 앞에서 독후감을 발표할 때 월은 자기가 하고자 하는 말을 알고는 있지만 그것을 똑바로 전달하는 것이 불가능해보였다.

지금 서른다섯 살인 데니스는 남들이 하는 말을 이해하는 데 어려움을 겪고 있었다. 사람들이 자기에게 하는 말은 모두 비슷하게 들리는 것이었다. 실망한 그의 부모는 데니스에게 주의가 산만하다거나 게으르다고 소리를 치곤 했다. 학교에서는 과제를 이해하는 데 어려움을 겪었다. 그 결과 대부분의 과목을 낙제하기 시작했고, 결국은 열여섯 살에 학교를 그만두게 되었다.

도리스, 월, 데니스는 모두 학습 장애를 가지고 있는 경우이다. 학습 장애란 한 개인이 환경으로부터 정보를 청취, 올바르게 해석하거나 또는 뇌의 다른 부분에서 성공적으로 정보를 연결해오는 능력에 영향을 주는 것이다.

학습 장애는 아동의 지능과는 아무런 상관이 없다. 아주 영리한 아이가 학습 장애를 가지고 있는 경우도 있다.

컴퓨터 시스템과 학습 장애를 비교해 생각해볼 수 있는데, 컴퓨터 시스템은 컴퓨터 본체와 키보드, 그리고 프린터로 이루어져 있다. 컴퓨터 본체는 인간의 두뇌라고 할 수 있다. 그 자체는 잘 작동한다. 그러나 학습 장애를 가진 사람은 '키보드', 즉 환경으로부터 정보를 처리하는 데 어려움을 겪는다. 역으로 컴퓨터에서 '프린터', 즉 뇌에서 말이나 글로 표현하는 것을 담당하는 부분으로 정보를 보내는 데 어려움을 겪는 경우도 있다.

불행한 일이지만 학습 장애는 평생 동안 지속된다. 대부분의 경우, 학습 장애는 학업이나 일, 친구 사귀기, 가족과의 관계와 같은 삶의 여러 측면에 커다란 영향을 끼친다. 그러나 일상적인 것에는 거의 영향을 주지 않는 특별한 학습 장애를 가진 아동들도 있다.

학습 장애 아동은 ADHD 아동과 많은 행동상의 문제점을 공유하고 있다. 실제로, ADHD 아동은 한두 가지의 학습 장애를 가지고 있다.

학습 장애는 아이들에게 커다란 좌절감을 안겨준다. 학습 장애를 가진 아이들은 공부를 제대로 따라하지 못할 가능성이 많고, 선생님이나 부모로부터 긍정적인 관심을 받지 못하게 된다. 그로 인해 아이들은 자존심에 커다란 상처를 받게 되는 것이다.

만약 당신의 자녀에게서 여기 언급된 문제점 중 한두 가지 증상이 지속적으로 나타날 경우, 학교의 상담교사나 심리학자에게 보여 그 문제되는 부분을 종합적으로 평가해볼 필요가 있다. 이 평가는 IQ 검사와 특정한 분야에 대한 능력 평가 등 몇 가지로 구성된다.

어떤 특정 분야에서 아동의 수행 능력이 그 아동이 가지고 있는 지능 지수의 기대치에 훨씬 미치지 못할 경우 그 아동은 학습 장애를 가지고 있을 가능성이 높다. 그럴 경우 부모나 선생님의 특별한 개입이 필요하다.

학습 장애는 일반적으로 효과적인 약이 없으며 '완치' 시킬 수도 없다. 이런 경우 학교의 협조를 얻어 아이가 가장 잘 배울 수 있는 방법을 찾아 그것을 집중적으로 활용하는 것만이 열쇠이다.

나는 똑똑하고 활동적인 다이앤이라는 여성과 함께 일한 적이 있다. 내가 그녀를 처음 알았을 때 그녀는 직업이나 자기 생활 양면에서 상당히 성공한 사람이었다. 그러나 곧 그녀가 옛날에도 그랬던 것은 아니라는 것을 알게 되었다.

다이앤은 자기가 멍청하다고 생각하며 성장했다. 학교 생활은 항상 악전고투였다. 고등학교를 졸업할 즈음에는 더 이상 학업에 진전이 없을 것으로 스스로 확신을 할 정도였다.

다행히 그녀는 지방 대학에 지원하면서 학습 장애 테스트를 받게 되었다. 테스트를 통해 그녀는 자신이 지능은 매우 뛰어나지만 특정한 부문의 학습 장애를 가지고 있다는 것을 발견했다. 그녀는 읽은 것을 잘 기억하지 못하는 장애를 가지고 있었다. 학교에서 그렇게 악전고투했던 것도 무리가 아니었다.

시행착오를 거쳐 다이앤은 그 장애를 극복하는 법을 배우게 되었다. 과제를 녹음기로 녹음을 해두면 그 정보를 기억해둘 수 있음을 알게 된 것이다. 그녀는 정보를 흡수할 수 있는 다른 방법을 발견했다는 것만으로 공부를 잘할 수 있게 되었다. 그녀의 기쁨은 말할 수 없을 만큼 컸다. 그녀는 석사 학위를 취득했고 그 후로는 앞만 보고 나아갈 수 있었다.

학교는 특별한 장애나 특별히 부족한 부분을 가지고 있는 아동들을 위한 배려를 해야 할 필요가 있다. 미국 내 대부분의 학교는 학습 장애 아동들을 위해 특별교사가 배치된 특별 학급을 운영한다. 때로는 보통의 학급 내에서 학습 장애 아동에게 시험을 볼 때 좀더 시간을 많이 준다든지 컴퓨터를 통해 숙제를 하도록 허용하는 식의 작은 배려가 필요하다.

학습 장애 아동에게는 학업상 특별한 도움이 필요할지 모르지만 보다 중요한 것은 사랑과 관심, 긍정적인 반응인 것이다. 학습 장애란 사실 삶의 장애라는 것을 이해하는 것이 중요하다. 학습 장애는 아동의 학업 측면뿐만 아니라 다른 삶의 면들에도 영향을 미친다.

자녀의 특별하고 독특한 재능과 능력에 관심을 기울여 강하고 긍정적인 자아를 키워주는 것이 훌륭한 부모가 해야 할 핵심 사항이다. 학습 장애 아동의 경우는 특히 그렇다.

아동 우울증

말라는 언제나 착한 아이였다. 부모들도 말라의 행동이 늘 모범적이라는 것에는 이의가 없었다. 학교 성적은 언제나 좋았고 친구들도 많았으며 어른에게는 깍듯했다. 그런데 여덟 살이 된 지금 말라는 완전히 다른 아이 같아 보였다.

지난 몇 개월 동안 말라는 학교에 대해 불평을 늘어놓기 시작했다. 아침에 잠자리에서 일으켜 세우는 것이 점점 힘들어졌다. 짜증과 화난 모습을 보이기 시작했고 자주 부모에게 말대답을 하거나 심부름을 시키면 혼잣말로 뭐라고 불평을 하곤 했다.

친구들에게도 이전처럼 자주 전화를 하지 않았다. 친구들이 집으로 찾아오면 곧잘 말다툼을 하거나 싸움을 했다. 말라는 우울증을 느끼고 있었다.

어른들은 대부분 우울하다거나 기분이 저조한 것, 그리고 좀 '가라앉는 것'의 의미가 무엇인지를 알고 있다. 그런 기분은 어떤 일에 대한 반응으로 자연스럽게 이해될 수 있다. 예를 들어 사랑하는 사람이 죽었을 때 우울한 증상을 보이지 않는다면 그것이 오히려 비정상적인 일일 것이다.

어른의 경우는 이런 우울한 기분이 좀더 밖으로 드러나고 오래 지속되므로 우울증이라는 것을 식별하기가 쉽다.

다음과 같은 증상들 중 몇 가지를 여러 달 동안 계속 보일 경우 우울증에 걸린 것으로 간주한다.
- 전에는 즐거워했던 활동에 관심을 잃었을 때
- 혼자 있는 시간이 늘었을 때
- 힘이 없고 쉽게 피곤을 느낄 때
- 정신 집중이 안되고 결정을 내리는 것이 힘들 때
- 자신감을 잃었을 때
- 식욕이 떨어지거나 지속적으로 과식하게 될 때
- 불면증
- 절망감
- 죽음, 혹은 죽어가고 있다는 생각이 계속해서 들 때

 부모들이 항상 인지할 수는 없지만 아이들도 역시 우울증을 앓는다. 그러나 아이들이 우울증을 앓고 있다는 사실을 발견하기는 어른들의 우울증을 발견하는 것보다 훨씬 어렵다. 아이들은 자기의 느낌을 말로 표현하는 것이 서툴기 때문이다. 그런 이유 때문에 아이들은 우울증을 행동으로 표현하는 경향이 있다.
 우울증에 빠진 어린이는 부모에게 자기의 느낌을 정확하게 표현하지 못할 수 있다. 그 대신, 그런 어린이는 자주 움츠러들거나 식욕이나 잠버릇이 바뀐다든지 친구 관계의 변화, 늘어나는 짜증, 무기력, 성적 하락과 같은 징후를 나타낸다.
 아동 우울증을 인지해내는 열쇠는 평상시와는 다른 행동

이 얼마나 지속되는지를 관찰하는 것이다.

명심해야 할 사항은 아이들도 모두 어른들처럼 감정의 기복을 느낀다는 것이다. 일주일 내내 학교생활이 힘들었거나 애완동물이 죽어서 슬프다거나 하는 이유로 우울증이라고 단정할 수는 없다. 다시 한 번 말하지만, 일정 기간 지속되고 있는 변화된 행동을 파악하는 것이 중요하다.

아이들도 성인과 마찬가지로 가족들 중 우울증을 앓고 있는 사람이 있을 경우 우울증에 빠질 가능성이 더 높다.

앞에서 설명한 것과 같은 행동의 변화를 감지하고 아이가 우울증일 가능성이 있다고 판단되면 철저히 그 가능성을 파헤쳐 보아야 한다.

처음에 신중하게 해야 할 일은 학교의 담임선생님을 찾아가 아이의 행동이나 성적이 변하지 않았는지를 확인하는 일이다.

아이의 가장 친한 친구가 지금은 다른 아이와 놀고 있다는 사실 등이 아이의 상태를 설명해주는 좋은 열쇠가 될 것이다. 또는 담임선생님이 이미 걱정스러운 변화를 감지하고 있을 수도 있을 것이다.

이에 걱정이 되는 부모는 아이의 상태를 정확히 평가해줄 전문가와 상담을 해야 한다. 만약 아동 우울증이라는 진단이 나오는 경우 심리치료가 그 문제를 해결하는 데 도움이 될 수도 있고, 투약이 효과를 보이는 경우도 있다.

우울증 증세가 애완동물의 죽음이나 조부모의 사망, 친구의 이사와 같은 상황적 요인에 기인한 것이라면 아이가 그런 기분에서 벗어나도록 하는 데 부모가 도움을 줄 수 있다.

열 살 이하의 아동이라면 자신의 기분을 정확히 표현하는 데 어려움을 느낄 것이다. 이럴 경우 부모가 먼저 자신의 기분을 이야기하고 그런 상황에서 부모는 어떤 기분을 느끼고 있는지를 설명함으로써, 아이들이 자신의 기분을 좀더 쉽게 표현하도록 도와줄 수 있는 것이다.

이때 부모는 아이에게 어떤 기분을 가지라고 강요해서는 안된다. 단지 아이가 어떤 기분을 느끼고 있든지 그런 감정은 정상적인 것이며 엄마, 아빠는 그런 감정을 존중한다는 것을 아이가 알도록 해주어야 한다.

때로는 이미 세상을 떠난 이들과의 즐거웠던 추억을 함께 이야기하는 것이 도움이 될 수도 있다.

아동기의 공포와 근심

공포와 근심은 어떤 특정한 사람만이 느끼는 것이 아니라 모든 사람이 느끼는 것이다. 사실, 공포란 우리가 위험한 상황을 넘길 수 있게 도와주는 건강하고 적절한 반응인 것이다.

그러나 상상과 관련되거나, 정상적인 일상 생활에 지장을 주게 되면 공포는 직접적인 문제점을 야기한다.

아동들은 성장 단계별로 공통된 상황에 대해서 특정한 공포를 느낀다. 연령별로 구분해 본 공포의 공통적인 요소는 다음의 표에 나타내었다.

연 령	공포의 원천
0~6개월	소음
6~9개월	자기를 항상 돌보아주는 사람 이외의 성인, 굴러 떨어지기
2세	천둥, 괴물, 커다란 물체(자동차, 기차 등)
3세	동물, 암흑, 혼자 있는 것
4세	커다란 동물, 부모가 곁에서 떠나는 것(잠자리에서 또는 아침 출근), 암흑
5세	암흑, 굴러 떨어지기, 개
6세	괴물, 유령, 마녀, 도둑, 침대 아래 있는 존재, 병원 치료

위에서 열거한 공포감은 대부분의 어린이들이 공통적으로 느끼는 것이다. 따라서 생각보다 오래 그런 공포감이 지속되거나 혹은 그 정도가 지나쳐서 평소의 활동을 저해하지 않는

한 공포를 느끼는 행동에 대해 특별히 걱정할 필요는 없다.

대부분의 아이들은 그런 공포를 극복하면서 성장한다. 그러므로 부모들은 아이들을 안심시킨 후 평소대로 행동하게 도와주면 된다. 만약 괴물이 무섭다고 잠을 안 자려고 하는 아이가 있다면 그 아이를 그대로 내버려두어서는 안된다. 그런 식으로 공포를 피하는 것은 그 공포감을 증폭시키게 되어 아이를 진정시키고 잠자리에 들게 하는 것을 더 어렵게 만들 뿐이다.

단순 공포

단순 공포는 어떤 특정 대상이나 활동에 대해 지속적으로 공포감을 느끼는 것으로 특징지을 수 있다. 개나 뱀, 거미 같은 것이 그 대상이 된다.

또 다른 일반적인 공포에는 고공 공포, 폐쇄 공포, 비행 공포 등이 있다. 이런 것들은 심각한 스트레스를 야기하거나 평소의 기능을 저해하는 공포이다.

학교 공포

정신질환 관련 전문가들이 공식적인 질환으로 인정하지 않는 것이 학교 공포이다. 이 공포는 학교에 가기를 거부하거나 정말 마지못해 등교를 하는 아동에게서 나타난다. 이런 아동은 집에 남아 있으려고 무던히도 애를 쓴다. 예를 들어

꾀병을 부리기도 하는데 게중에는 실제로 배가 아프거나 머리가 아파지는 등의 증상이 나타나는 경우도 있다.

공포에 대한 처방

모든 공포는 일반적으로 심리학자나 다른 정신질환 치료 전문가들에 의해 쉽게 치료될 수 있다. 치료는 아동을 공포의 대상이나 상황에 먼저 가상적으로 접하게 하고 나중에 실제로 마주치게 하는 식으로 이루어진다.

아이에게 보다 긍정적이고 융통성 있는 '자기발언'을 가르치는 것도 치료에 도움이 된다. 자기발언이란 우리가 의식하지 않으면서도 자연스럽게 매일매일 스스로에게 말하는 것을 의미한다. "와, 이 피자 맛있네."라든지 "좋은 음악이네."와 같은 것이 예가 된다.

이와 같은 내면의 발언은 우리가 두려움을 느끼거나 불안해할 때 특히 그 효력을 발생한다. 두려운 마음을 더욱 가중시키는 표현은 이런 것이다.

"이 사람들 앞에서 내가 말을 해야 하다니, 그건 불가능해."라든지 "오늘 틀림없이 학교에서 나쁜 일이 벌어질 거야."와 같은 말이다.

내면에서 나오는 말을 보다 긍정적이고 확신에 찬 것으로 바꾸는 법을 가르쳐주는 것도 아이들의 공포와 불안감을 해소시키는 데 도움을 준다.

불안과다 장애

이것은 아동이 어떤 것에 대해 오랜 기간 동안 지속적이며 비현실적인 근심을 느끼는 경우 발생하는 불안증의 일종이다. 이런 불안증은 안전하다는 것을 다짐받으려는 지나친 욕구, 완벽주의, 거절을 당할까 두려워하는 심리, 그리고 과거나 미래에 대한 지나친 걱정 등과 관련이 있을 수 있다.

이 장애는 부모에게 인정을 받으려면 어떤 수준에 도달해야만 한다는 심리적 지뢰가 심어져 있는 아동들에게서 흔히 발견된다.

강박 장애

이 장애는 불안과다 장애에서 나타나는 불안증과 밀접한 관련이 있다. 이 장애가 있는 아동은 일반적으로 과거나 미래의 일에 대해 지나치게 불안해한다.

이 증상을 가지고 있는 아동 중에는 그런 불안감을 누그러뜨리기 위해 일정한 의식이나 손 씻기, 숫자 세기와 같은 반복적인 행동을 하거나 주문 같은 것을 반복해서 외기도 한다.

다시 한 번 지적하지만 이런 행동들은 일상적인 활동을 저해하지 않는 한 문젯거리가 되지 않을 수도 있다. 그러나 이런 행동이 일상 생활에 지장을 줄 때 부모들은 전문가의 도움을 구해야 한다.

엄마의 손에 끌려 상담소를 찾아온 테란스의 경우를 생각해 보자.

열 살 때부터 테란스는 잠자리에 들기 전에 기묘한 의식을 되풀이하면서 점점 더 늦게까지 잠을 안 자기 시작했다.

테란스는 자기 전에 가방의 지퍼를 20번 정도 올렸다 내렸다 한 다음, 불을 껐다 다시 켜고 방 안의 물건들을 하나하나 확인했다.

그는 이런 의식을 매일밤 치른 다음에야 잠자리에 들었다. 열한 살이 되자 테란스의 잠들기 전 의식은 다음날 학교 수업에 지장을 줄 정도가 되었다.

몇 주일 동안의 진료를 통해 테란스가 실패에 대한 두려움, 원하는 성적을 얻지 못할 것에 대한 심한 강박증을 앓고 있다는 것을 알아낼 수 있었다.

테란스의 부모는 모두 지능이 높았고 학교 성적도 우수했다. 테란스는 어렸을 때 한 번 몸이 아파서 충분히 공부하지 못하는 바람에 결국 시험을 망쳐버린 적이 있었다. 그 후로 테란스는 낙제를 두려워하게 된 것이다.

이 경우 보다 융통성 있는 처방으로 테란스를 치료하는 동시에 테란스의 부모에게는 아이에게 현실적인 성과를 바라도록 하라고 설득시켰다.

그 결과 지금 테란스는 수나 우를 섞어서 받는 정도의 우수한 학생으로 행복하게 살고 있다.

다른 아동기의 문제점들처럼 많은 불안 장애들도 부모가

적극적으로 자녀들과 열린 대화를 계속하고 무조건적인 사랑을 확신시켜 주면 충분히 예방할 수 있다.

자녀들에게 성적과 부모의 사랑은 전혀 별개임을 알게 해 줄 필요가 있다.

이런 증세를 앓고 있는 아동들에게 정신질환 전문가의 적절한 처방이 큰 효과가 있다는 사실은 정말 다행스러운 일이다.

부모의 역할

나는 진심으로 이 책에 열거된 장애를 여러분의 자녀들이 겪지 않기를 바란다. 그러나 무시할 수 없는 숫자의 아동들이 특별한 도움을 필요로 하는 문제 한두 가지를 겪고 있는 것이 현실이다.

이런 문제와 맞부딪쳐야 하는 부모들은 자녀들의 관련 상태에 대해 많은 지식을 습득하는 것이 중요하다. 그 상태에 대해 많이 알수록 자녀의 보호자이며 옹호자인 역할을 그만큼 더 잘할 수 있기 때문이다.

ADHD 아동, 학습 장애 아동, 그리고 불안과다 장애 아동의 경우 부모의 보호는 매우 중요한 기능을 한다.

대부분의 교사들이나 정신질환 전문가들은 아동 개개인의 상태에 대해 만족할 만큼 충분히 파악할 수가 없는 것이 현실이다. 그러므로 부모가 자녀를 대신해서 자기 자녀들의 특정한 필요 사항을 설명해 줄 의무가 있다.

그들과의 밀접한 협조는 아무리 강조해도 지나치지 않다. 자녀를 위해 앞에 나서주는 것이 부모의 책임이다.

체 | 크 | 포 | 인 | 트

특별한 필요사항을 간과하기

- 많은 아동들이 겉으로 보기에는 이상하지만 실제로는 일시적이고 정상적인 행동이나 감정 상태를 드러내게 된다.
- 소수의 아동들은 전문가의 치료를 필요로 하는 상태의 장애 증세를 보인다.
- 어떤 문제 행동이 장기간 지나칠 정도로 나타나 아이의 일상 생활을 어렵게 할 정도라면, 심각한 상태인지 의심해보아야 한다.
- 외부 전문가의 도움을 청해야 할 필요가 있는 상황은 다음과 같다.
  - ADHD(주의력 결핍 과잉 행동)   • 학습 장애
  - 아동 우울증   • 불안과다 장애
  - 강박 장애   • 여러 공포증
- 어떤 아동에게 특별한 필요사항이 존재할 경우 부모는 그 아동의 적극적인 옹호자로서의 역할을 다해야 한다.

열번째 실수
즐거움 버리기

유머는 아이들만의 것이 아니다

　어른들은 자신이 어렸을 때의 기억을 자주 잊어버린다. 아이러니컬하게도 그것은 행복한 가정을 꾸리기 위해서, 그리고 아이들을 훌륭하게 기르기 위해서 너무 바쁜 탓이다.

　어린이에게서도 배울 것이 있다는 사실 역시 자주 잊어버린다. 그러나 우리가 좀더 사려 깊고 세심하게 신경 쓴다면 잊고 있었던 삶의 기쁨을 아이들에게서 발견할 수 있을 것이다. 그 아이들의 모습과 행동, 웃음을 통해서 우리는 삶이란 어떠해야 하는지를 배우게 되는 것이다.

　아이들은 놀라울 정도로 지금 현재의 순간에 충실하게 그들의 삶을 경험한다. 한 달 전에 어떤 일이 일어났는지, 또 다음 주에는 무슨 일이 일어날지 생각하는 법이 거의 없다.

　아이들은 매일매일 보고 듣고 만지고 냄새 맡으며 거기에 상상을 더하여 자기들의 세계를 탐험한다. 아이들의 세계는 마술과 경이, 그리고 모든 것이 가능하다는 강한 믿음으로 활기에 가득 차 있다.

내가 지금까지 만났던 사람들 중 진정 행복을 느끼는 이들은 어린 아이 같은 성질을 끝까지 유지하기 위해 적극적으로 투쟁하는 사람들이다. 세상이 의무와 사실, 규칙 그리고 시시비비를 엄격히 따져야 하는 일 따위로 그들에게 무거움을 안겨주어도 그들은 삶에 개방적이고 유연한 태도를 유지하기 위해 애쓰는 것이다.

나와 같은 직업을 가진 사람들은 매일매일 환자를 통해 맞부딪치는 문젯거리들의 양과 중압감에 압도되기 쉽다. 그러나 그럴 때마다 나는 린지가 활기차고 장난스러운 방식으로 삶을 해석하는 순간들을 떠올려본다.

아무리 무거운 어깨의 짐도 린지가 나비를 쫓거나 나무 위에 오르는 모습을 생각하면 눈 녹듯이 사라져 버리는 것이다. 새로운 이야기를 읽을 때 반짝이는 눈빛이나 축제에서 기쁨에 겨워 어쩔 줄 모르며 지르는 탄성 소리 같은 것들은 항상 나를 린지가 느끼는 즐거움과 활력의 세계로 함께 데려가곤 했다.

린지와 나는 누가 진짜 '드림랜드'의 꼬마 주인인지에 대해 끊임없이 스무고개를 하곤 한다. 내가 상담중에 만난 아이들과 린지는 아이들의 내면세계에 대해 나에게 가르침을 주고 있으며 나는 그것에 진정으로 감사하고 있다.

나는 부모들이 책임감과 독립심과 함께 아이들이 살면서

느끼는 장난기 가득한 호기심과 탐구심이라는 자연스런 감각도 키워야 한다고 생각한다. 그러기 위해서는 아이들이 하는 장난에 동참하는 것보다 더 좋은 방법은 없다.

린지는 아직도 우리의 자가용 비행기—린지의 침대와 플라스틱 원반으로 만든—를 타고 떠난 환상여행이나 많은 비 오는 날들을 보낸 우리의 성—침대와 의자 위에 담요를 두른—에 대해 이야기하곤 한다. 함께 이런 놀이를 하는 동안 우리는 정말 그곳에서 우리 둘만의 오디세이가 선사하는 모든 모험과 기쁨을 만끽하고 있었다.

린지는 나에게 다시 한 번 어린이가 되는 법을 가르쳐주었고, 나는 린지에게 다 자란 성인도 즐겁고 신나게 놀 수 있다는 것을 보여준 것이다.

유머는 아이들만의 것이 아니다

아이들에게 매일매일을 감사하게 여기고 즐길 줄 알도록 가르치는 것은 미래에 부딪치게 될 수많은 문젯거리에 대해서 예방접종을 해주는 것과 같다. 한 연구조사에 따르면 유머를 즐길 줄 아는 성인은 그렇지 않은 사람들보다 훨씬 더 건강하다. 그런 사람의 면역 체계는 훨씬 더 건강하며 그 결과 병에 걸릴 가능성도 낮고 또 병에 걸리더라도 빨리 회복

된다는 것이다.

아이들에게 자기 자신에 대해서 웃을 수 있게 가르치는 것은 인생의 불가피한 어려움을 보다 쉽게 받아들이는 법을 일러주는 셈이다.

잘 웃는 아이는 우울증이나 강박관념에 빠질 가능성이 낮다. 그런 아이들은 삶에 중심이 있고 행복을 느낄 줄 안다.

그렇게 가르치기 위해서는 부모들이 의식적으로 아이들과의 시간을 만끽해야 한다. 부모들은 몸은 아이들과 함께 있어도 머릿속은 직장에서 일어났던 일이나 언제 집 수리를 해야 하는가와 같은 문제 따위로 가득하기가 쉬운 법이다. 그러나 이때, 아이들은 부모가 하는 말보다 행동에서 더 많은 것을 배운다는 사실을 기억하도록 하자.

시간을 만끽한다는 것은 순간순간을 사로잡아 생기를 가득 불어넣는 것을 의미한다. 즉, 아무리 작더라도 지금 눈앞에 있는 일에서 즐거움을 발견해야 한다는 것이다.

아이들은 비교적 어린 나이에 부모로부터 이런 개념을 배우게 된다. 만약 자녀들 앞에서 산만하고 거리감 있는 모습을 보인다면 아이들은 금방 지금 눈앞에 있는 일이 별로 중요한 것이 아니며 그냥 넘겨버려야 할 일이라는 것을 배운다.

반면에 활동적으로 아이들과 어울려주거나, 아니면 그 순간 하고 있는 일에 몰두하는 모습을 보여주면 아이들은 현재에 몰두하는 법을 배우게 된다.

이런 것을 배운 아이들은 좀더 커다란 행복감과 만족감, 그리고 열의를 알게 되고 주변의 흔한 일 속에서도 즐거움과 흥분을 느낄 수 있는 기회를 잡을 수 있다. 게임하듯 자질구레한 일을 해치우거나 노래를 부르며 집 안을 청소하는 부모의 모습에서 아이들은 지금 이 순간을 즐기는 법을 배우게 된다. 그것을 배운 아이들은 막연히 더 좋은 일이 일어나기를 기다리기보다 현재의 자신에 만족할 줄 알게 된다.

지금 이 순간을 즐기는 법을 자녀에게 보여준 부모는 더 행복해하는 건강한 자녀를 갖게 된다. 또, 이런 방식이 부모 노릇을 더욱 즐거운 일로 만들어주는 것이다.

이 책을 읽으며 습득했기를 바라는 것이 몇 가지 있다.

우선, 부모 노릇이란 피동적인 것이 아니라는 사실이다. 그것은 제일 높은 우선순위를 부여해야 하는 일이다. 훌륭한 부모가 되기 위해서는 자녀들의 삶에 능동적으로 참여해야 한다. 의식하든지 못하든지, 부모의 행동은 자녀에게 커다란 영향을 미친다.

다시 한 번 강조하지만 부모의 의미는 단순히 부모로서 존재한다는 것이 아니라 부모로서 어떤 행동을 하느냐에 있는 것이다. 일단 능동적인 부모가 되겠다고 결심했다면, 그래서 얻을 수 있는 반대급부는 여러 인생 경험 중 가장 값진 것이 될 것이다.

상담을 하러 오는 사람들 중에는 자기의 직업, 결혼, 자녀들에 대해 불만을 털어놓은 사람들이 많이 있다. 그러나 진정 능동적으로 자녀를 키워온 사람이 후회를 하는 모습은 본 적이 없다. 우리들 대부분은 아이들에게 나누어주는 만큼 아이들에게서 삶의 지혜를 배우게 된다.

부모의 역할은 선생의 역할에서 시작되고 또 상당 부분 그 역할을 유지한다. 아이들에게 무조건적인 사랑을 보여주고, 마음의 해로운 지뢰밭을 피하게 해주고, 또 개방적으로 아이들과 어울려 대화를 나누는 것, 그 자체가 아이들에게 긍정적인 삶을 사는 법을 매일매일 훈련시키는 것이다.

일관성 있게 인과관계를 따지고 벌을 주는 것도 아이들에게 삶이 어떻게 이루어지는지에 대해 값진 교훈을 주는 것이다.

아이들이 자라 십대가 되면 부모들의 직접적인 통제는 점점 어려워진다. 그 결과, 부모의 역할은 선생에서 상담자로 변해 가게 된다.

현명한 부모라면 이러한 자연스런 변화를 파악하고 아이들이 독립적이고 책임감 있는 성인으로 성장하는 그 힘든 과정에서 항상 동반자적인 존재가 되기 위해 노력할 것이다. 이런 과정에서 열린 대화와 사려 깊은 경청, 문제 해결적인 접근 방법 등은 훌륭한 부모가 되려는 사람들에게 가장 중요한 자녀 교육 도구가 된다.

체|크|포|인|트

훌륭한 부모가 되기 위해

- 부모 노릇에 우선순위를 두어라.

- 아이들의 삶에 적극적으로 참여하라.

- 말과 행동으로 긍정적인 교훈을 가르쳐라.

- 아이에게서 배워라.

- 즐거움을 잊지 마라.

❧ 곽지수

한국외국어대학교 졸업했으며, 대한항공, 아시아나 항공 광고 및 마케팅 부서를 섭렵했다. 현재는 도서 번역 작업에 몰두하고 있다.
역서로는 《아름다운 나의 친구》, 《아미스타드》, 《그대 사랑만을 기억하고 싶다》, 《아마겟돈》 등이 있다.

똑똑한 부모들이 저지르는 10가지 실수(핸디북)

초판 1쇄 인쇄 2008년 5월 1일
초판 1쇄 발행 2008년 5월 7일

지은이 케빈 스티드
옮긴이 곽지수
펴낸이 한익수
펴낸곳 도서출판 큰나무
등록 1993년 11월 30일(제5-396호)
주소 120-837 서울시 서대문구 충정로 3가 3-95 2층
전화 (02) 365-1845~6
팩스 (02) 365-1847
이메일 btreepub@chol.com
홈페이지 www.bigtreepub.co.kr

ISBN 978-89-7891-246-4 03590

* 책값은 뒤표지에 있습니다.
* 잘못 만들어진 책은 교환해 드립니다.